英語リーディング・ブラッシュアップ

ブラッシュアップ

〈スタンダード編〉

Killer words & phrases

登木 健司 著

GOGAKU SHUNJUSHA

は じ め に

　大学入試を控えて勉強に励んでいる受験生，及び高校生の皆さんから，常日頃苦心惨憺（くしんさんたん）している声をじかに耳にしていることが，本書の一番の執筆動機です。

　この「スタンダード編」は，刊行以来ご好評いただいている既刊『英語リーディング・ブラッシュアップ』の姉妹編です。

　本書は，私から**全国の英語学習者の皆さんへ贈る，激励のエール**です。

　これまで予備校の講習会で配ってきた私のオリジナルプリントの中から，他の参考書ではあまり触れられていない文法項目や**キーフレーズ**をまとめるとともに，**英語学習の上で特に重要な英文を厳選**し，前作では取り上げ得なかった基礎的な分野からも極力重要ポイントを抽出しました。

　共通テストをはじめ，国公立二次・私大入試，また各種民間試験に頻出の「**点差がつきやすい**」箇所を集中的にトレーニングすることで，「**何となくわかったつもりでいたものの，テストではミスをしがちだった**」苦手ポイントを克服し，どのような**出題形式にも柔軟に対応できる英文読解力**を，短期間で身につけることができるものと信じます。

　単語や熟語を単体で取り出して日本語だけを丸暗記しても，すぐに忘れてしまいます。**実際の英文の中で，前後の内容と関連付けて理解**してこそ，実戦の場で役立つ生きた知識となるのです。

そこで，本書では掲載英文を見て，

　　① 口で素早く訳せる

　　② 英文中のキーフレーズや，解説の中で示した "秘伝" のリー
　　　ディングポイントをパッと言える

この二つが完璧にできることを目指してください。

　本書をマスターされた皆さんは，既刊ハイレベルコース『英語
リーディング・ブラッシュアップ』へ，そして，実際の入試長文
問題に取り組むことができる，拙著『登木健司 難関大英語長文
講義の実況中継①〈私大編〉／〈②国公立大編〉』へ順次進まれる
ことをお勧めします。どんな問題にも自信をもって臨むことがで
きるようになるための，英文読解のノウハウが必要かつ十分に詰
まった講義内容となっています。

　なお，この「ブラッシュアップ」シリーズで養成される英語力
は，リーディング強化に留まらず，ライティングのレベルアップ
にも顕著な効果が認められる総合的な力であり，学習する中で十
分実感が得られるものと期待しています。

　拙著が，皆さんの念願達成にいささかでもお役に立てば，著者
として，これに過ぎたる喜びはありません。

登木 健司

本書で使用する記号

動 動詞	名 名詞	形 形容詞	副 副詞

前 前置詞　　句 熟語・フレーズなど　　　　反 反意語

類 類語・類似表現

Ⓢ Ⓥ Ⓞ Ⓒ Ⓜ　　⇨ 主節部分の品詞分解

S′ V′ O′ C′ M′　⇨ 従属節部分の品詞分解

(s) (v) (o) (c) (m)　⇨ 準動詞，…ingや不定詞が作る文型

※ S は主語，V は動詞，O は目的語，C は補語，M は修飾語を表します。

※ Vi は自動詞を表します。

◁▷　　⇨ 従属接続詞，関係代名詞，間接疑問

▭　　⇨ 等位接続詞，相関表現，その他の慣用化した重要表現

( )　⇨ 形容詞節

〈 〉　⇨ 副詞節

[ ]　⇨ 名詞節

M 同格　⇨ 同格語句

S 欠　⇨ 主語欠如

O 欠　⇨ 目的語欠如

関・名　⇨ 関係代名詞

関・副　⇨ 関係副詞

関・形　⇨ 関係形容詞

等・接　⇨ 等位接続詞

従・接　⇨ 従属接続詞

疑・副　⇨ 疑問副詞

その他，受（受身），否（否定）など。

[S] [V] [O] [C] [M] ⇨ 名詞構文，その他の潜在文型

01

As is well known, the younger the pupil is when he starts to learn a language, the easier the task is for him.

【関西大】

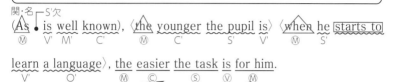

＋ asの後にはすぐにisが見えるので，後に【文】が来ていることがわかります。したがって，この時点で，前置詞のas「～として」の可能性はありません。

　また，asの後には，いきなりisから始まっている文，つまりS′が欠けた【不完全な文】が来ていることがわかります。したがって，このasは，後ろに【完全な文】が来るはずの【従属接続詞】でもありません。

　つまり，このasは，**後ろに名詞が1コ欠落した（本文ではS′欠落），【不完全な文】が続く**ことから，**【関係代名詞のas】**ということになるのです。

　関係代名詞のasには，「主節の内容まるごと全部，あるいは，主節の内容の一部（カタマリなど）を，内容上指すことがある」という重要な用法があります。

　解釈の手順としては，**まず主節から意味をとり，次にasを「そういったこと」と訳したうえで，従属節の内容をとる。そして最後に意訳！** というプロセスで処理すればいいでしょう。

　本文でも先に主節をとります。〈the＋比較級〉の構文「…すればするほど～」ですね。主節を訳した後で，asのカタマリを訳します。as自体は「そういったこと」と訳し，主節の内容を丸ごと指しているのです。直訳は次のようになります。

　　<u>「ある言語を学ぶとき，その生徒が幼ければ幼いほど，その作業（言語を学ぶ作業）は，生徒にとって，たやすくなる。</u>（そういったことは，よく知られていることだ）」

　　　※下線部＝主節，（　　　）＝as節

　　意訳で，

1 ●

「（よく知られたように［有名な話ですが］），ある言語を学ぶとき，その生徒が幼ければ幼いほど，その作業（言語を学ぶ作業）は，生徒にとって，たやすくなる」

と訳してもOK。このときのasは**1つの定型化したフレーズ**のようにして，**(As is well known), S V 〜**「**（よく知られたように, 有名な話ですが), S V 〜**」のカタチで，最終的には理解してください。

このときの関係代名詞asのカタマリは，文頭，文中，文末のどこに置いてもOKです！

(As ... V′ ...), S V 〜.

S, (as ... V′ ...), V 〜.

S V 〜, (as ... V′ ...)

類例 1

S′欠

(**As** ↓ is oten the case with him), S V 〜.

「（彼に関してしばしば事実であるように［彼にはよくあることだが］），SV 〜」

※「SV 〜した。（そういったことはしばしば彼に関して事実である。）」が直訳。

類例 2

S′欠

(**As** ↓ is often usual with him), S V 〜.

「（彼に関していつものように［彼にはいつものことだが］），SV〜」

※「SV〜した。（そういったことは，彼に関していつものことだ。）」が直訳。

類例 3

O′欠

(**As** you probably know ↓), S V 〜.

「（あなたがおそらく知っているように［おそらくご存じでしょうが］），SV〜」

※「SV〜した。（そういったことをあなたはおそらく知っている。）」が直訳。

✚ 〈the＋比較級 ... V′ ...〉, the ＋比較級 ～ V ～.「〈…するなら〉, その分だけ ～」は, 原則, 1つ目のtheは従属接続詞で意味上は〈if S′ V′ ...〉とイコール。2つ目の the は, 一語の副詞で「その分だけ」と訳します。

　このとき, 1つ目の〈the＋比較級 ... V′ ...〉の部分が従属節（副詞節）になり, 2つ目の the ＋比較級以降が主節になるというのが原則的パターンです。

✚ **task** [tǽsk]　图 仕事, 課題, 作業

訳 よく知られたように［有名な話であるが］, ある言語を学ぶとき, その生徒が幼ければ幼いほど, その作業（言語を学ぶ作業）は, 生徒にとって, たやすくなる。

02

I am not accustomed to being treated that way.

I am not accustomed to being treated that way.

+ *A* is accustomed to *B*　句 Aは，Bに対して慣れている

accustomedは語尾にedが付き，形容詞になっています。「**この表現のときのtoはいつも前置詞だ（不定詞ではない！）**」と声に出してハッキリ覚えておきましょう！　前置詞の後なので，動詞の原形ではなく，動名詞ですね。前置詞の後に続くのは，**名詞・動名詞！**

▶ custom　名「慣習（＝慣れたもの）」

+ being treated　句 扱われること

動名詞は，能動か？　受動（受身）か？　が大切！　もしtreating「扱うこと」ならば，その先に「何を？」にあたるO（名詞）が続くはずです。ingのときも動詞を見たら「何を？」のツッコミを入れながら読み進めていきましょう。

しかし，今回後ろにあるのは，(in) that wayという「方法」を示す副詞だけです（本文ではinが省略されています）。ですから本文はtreatingではなく，being treated「（そのようなやり方で）扱われること」になっているのですね。「**受身にするとOがマイナス1**」という文法ポイントも要チェックです。

+ (in) that way　句 そのようなやり方で，そんなふうに

way「やり方」は，冠詞やthisやthatの形容詞を付けて使います。またセットで使う前置詞inも一網打尽に覚えておきましょう。

$$in ... \begin{cases} way \\ manner \\ fashion \end{cases} 「…のやり方で」$$

※このフレーズでは，inが省略された形にも注意！　共通テストや英検などでは，教科書の例文のような整ったカタチではなく，実際の会話の場面で使われる，省略された簡潔な言い方で出題されやすいのです！　こういった小さなポイントで，リーディングの際にストレス

を感じたり，速度が落ちたりすることがないようにしましょう。また スピーキングでは，このようなフレーズがスラスラ出てくるように，**独り言でブツブツ言いながら，繰り返し練習しましょう！** もちろん，国公立大二次試験の記述式問題でも頻出です。

〔例〕He became famous (in) **this way**.
　　　「彼は**このようにして（こうして）**有名になった」

【名古屋大，記述式（和訳）問題】

訳 私は，あんなふうに（そのようなやり方で）扱われることに慣れていない。

> The committee was made up of experts from outside the organization.
>
> 【早稲田大】

The committee was made up of experts from outside the
⎯⎯⎯⎯⎯⎯ ⎯⎯ ⎯⎯ ⎯⎯ ⎯⎯⎯⎯⎯⎯⎯ ⎯⎯⎯⎯⎯⎯⎯⎯⎯⎯⎯⎯⎯⎯⎯
　　　Ⓢ　　　　 Ⓥ　受　Ⓜ　　　　Ⓜ　　　　　Ⓜ

organization.

+ committee [kəmíti]　图 委員会

+ S＋*be* made up of＋名詞　旬 Sは名詞で成り立っている

　〈S＋*be* made〉「Sがつくられている」が直訳で，受身のカタチになっ
ていますのでOはありません。upは一語の副詞で，be madeにかかって
おり文法上はM。of名詞は，〈前置詞＋名詞〉＝Mになっており，これも
文の主要素にはなりません。

+ ofは【中身・内容・材料】を示します。〈S＋*be* made up of＋名詞〉に
おいて，名詞の部分には複数名詞がきて，「たくさん（複数）の名詞を材
料にして，Sができている」という意味になります。

+ 副詞のupのコアの意味は【上昇】です。「だんだんと上り詰めていく・
完成していく・出来上がっていく」というupのイメージを意識しましょう。

+ 〈S＋*be* made up of＋名詞〉では，Sの位置には，完成した最終形態が
来ます。
　　以上より，
　　　❶「S は名詞が集まって作られている」
　　　❷「S は名詞を材料にして出来上がっている」
　　　❸「S は名詞でできている」
　　　❹「S は名詞をもとに成り立っている」
　　さらには
　　　❺「S をつくりあげているものは，名詞だ」
と訳してもOK。この熟語の中に含まれているupがもつ "味わい"，ofが
もつ "香り" が感じられる日本語で，前後の文脈にあっている訳し方で
あれば「正解」なのです。こういった「熟語」と呼ばれているものは，

訳し方（正解）は1つではありません。コアのイメージをしっかり押さえながら学習していけば，知らない表現が試験のリーディング問題で出されても，意味を類推できるはずです。

+ expert [ékspəːrt]　名 専門家

+ organization [ɔ̀ːrɡənəzéiʃən]　名 組織

訳 その委員会は組織外の専門家から成り立っていた。

Children today are convinced that rice grows on trees.

Children today are convinced [that rice grows on trees].
　(S)　　(M)　　(C)　　　　受　　(O₂)　S'　　V'　　　M'

✚ convince＋O₁＋O₂　[句] O₁(相手)にO₂(情報)を完全に与える[伝える]

　　convinceのようなOを2個とる文型は，〈give＋O₁(相手)＋O₂(モノ)〉の仲間で，「与える」のニュアンスをもっています。これらは【授与動詞[第4文型動詞・give兄弟]】と呼ばれています。

　　授与動詞で特に注意すべきものとして，〈tell / teach / show＋O₁(相手)＋O₂(情報)〉があります。これらの動詞はgiveとは兄弟関係なので，意味がそっくり！「O₁(相手)にO₂(情報)を与える」が元の意味です。

　　「相手に情報を与える」という日本語を，もっとシンプルに「**相手に情報を伝える[示す・教える・伝達する・言う]**」のように訳してもOK。

　　本文の〈convince＋O₁＋O₂〉「O₁(相手)にO₂(情報)を完全に与える[伝える]」も，giveと兄弟関係の動詞。convinceの**con-**は「**完全，完ぺき，全て**」の意味。つまり，「相手に一切の疑問を残さないように情報を全て伝えきる」ということ。

　　そこから，最終的に，「相手に情報を納得させる[確信させる]」のように意訳することができるのです。

✚ convincedの後ろに注目！ **that**の**カタマリ**(名詞節)が1つありますね。これをO(目的語)にできそうです。

　　しかし，本来は，giveと同じ文型をとるconvinceにはOが2コつくはずなのに，Oが1コしかありません。「そうか！ **受身だからOが1コ消えたんだ！**」と気づけるかどうかが重要です。

　　thatの名詞節「〜ということ」は，O₁(相手)ではなく，O₂(情報)にあたる部分です。つまりconvinceが受身になって，2コあるOのうち，O₁(相手)にあたる部分が元々あった場所から消えてしまったのです。

【能動態（元の文）】 They convince children [that ...].
　　　　　　　　 S　　　 V　　 O₁　　　O₂

【受動態（受身）】 Children are convinced ● [that ...] by them.
　　　　　　　　 受身のS　 V受　　　　　 O₂　　 M（省略多い）
　　　　　　　　（＝元のO）
　　　　　　　　　　　　　　　O₁なし

　受身でO₁が消えた（「元の文のO₁は，新たに受身文のSに生まれ変わって文頭方向へ移動したため，元あった場所からは消えた」ということ）⇒結果的に，「受身文に変身すると，品詞分解上，元の文からOの数が1コ減る」ということが言えますね。

＋ that rice grows on trees 句 コメが樹の上で育つ［樹に実る］
　growは，「（S自身が）成長する・育つ」の意味のとき，【完全自動詞】になることがあります。「（S自身が）変化［増減・発展・成長］する」の意味をもつ動詞は完全自動詞になりやすいという法則があります。
　【完全自動詞】は，SVの2つの要素だけで文型の中心が成立し（第1文型），SVの2つだけで，品詞分解上，「完全な文」と考えます。本文で使われているgrowも完全自動詞なので，OもCも，はじめから取りません。原則，rice growsだけで完全な文の扱いをするのです。
　thatの働きにも注目！ rice grows「米が育つ」という，【完全な文】が来ているところから，このthatは，従属接続詞であることが確認できるはずです。以下の2つのthatに注意！

　❶ 後ろに，品詞分解上【完全な文】が来るときのthat
　　⇒【従属接続詞】のthatで「〜ということ」と訳す。文中で，巨大な名詞のカタマリ（名詞節）をつくることができる。
　❷ 後ろに，品詞分解上【不完全な文】が来るときのthat
　　⇒【関係代名詞】のthatで，原則，左方向の名詞（先行詞）にかけて訳す。名詞にかかるMのカタマリ（形容詞節）をつくることができる。

訳 コメが樹に実ると，現代の子どもたちは確信している。

05

He is not good at putting his thoughts into words.

【早稲田大】

He is not good at putting his thoughts into words.

+ *be* good at …ing「…する点で得意だ」が直訳。前置詞atのコアイメージは【一点】です。一人の人間は，たくさんの能力を持っています。「ある点では秀でているが，別のある点では，それほどでもない」といったようなことがあるかもしれません。例えば，「（彼は新しい発想でものを考える点では秀でているが）考えを言葉にして説明する点では秀でていない」といったような状況もあるかもしれません。

+ 「ある点においての能力の優秀さ」を示す場合には，atがよく用いられます。これらを一網打尽にしてしまいましょう。

❶ He is brilliant at …ing「…する点で，彼は優れている」

= ❷ He is skillful at …ing

= ❸ He is skilled at …ing

※〈S＋優れている（形容詞）＋at＋…ing（動名詞）〉というカタチで捉えましょう。skillfulは，「スキル・技術（skill）が，いっぱいある状態（ful）」という形容詞。skilledは，「〈努力などによって〉スキル・技術（skill）が，もたらされた状態（ed）」という意味をもつ形容詞。元の意味を押さえながら，日本語に訳すなら，いずれも「優れている」とすればOK。

= ❹ He is talented at …ing

※talentedは，「〈神によって〉天賦の才能・タレント（talent）が，もたらされた状態（ed）」が元の意味。

≒ ❺ He is quick at …ing「…する点で，彼は迅速だ」

※quickは「〈ある動作において，ある動作の点で〉素早い・迅速な」という意味の形容詞。「ある動作が素早い」ということは，その動作が得意だからなのです。「得意だ，秀でている」というニュアンスを表しているので，〈S＋優れている（形容詞）＋at＋

…ing（**動名詞**）〉という同じパターンで表現できるのです。

❻ He excels **at** …ing

※excelの元の意味は「外に向かって(ex)，突き出る・飛び出す(cel)」。例えば，❻の英文は，「彼は，〈ある能力の点で〉外に突き出ている」が元の意味。突き出ている，ということは「彼は〈ある能力の点で〉目立っていて・際立っている・秀でている」ということになります。

※excel「外に向かって突き出る・飛び出す」は，【移動】のニュアンスをもっているので，完全自動詞です。OもCも取りません。来るとしたらM(修飾語)だけ。また，excelこれ自体が単独で動詞の働きですから，❶～❺の表現のようにbe動詞をさらに追加する必要はありません。

※ちなみに，英語では，「**逆の意味をもつ表現は同じ型になりやすい**」という【**同形反復の法則**】というものがあります。「…する点で優れている」と逆の意味の表現である「…する点で劣っている」は，❶～❻と同じように，前置詞atを用いればよいのです。

〔例〕 He is bad **at** …ing「彼は…する点で劣っている・下手だ」

=He is poor **at** …ing

=He is terrible **at** …ing

=He is hopeless **at** …ing

≒He is slow **at** …ing「彼は…する点で遅い」

✚ putting his thoughts into words「彼の考えを言葉へと変える」が元の意味。アタマの中で考えているだけでは，他人に思いを伝えることはできません。アタマで考えた色々なこと(thoughts)を，言葉へと変える(into words)，つまり「**言語化する**」わけです。

intoは【**変化**】の意味をもつ前置詞です。〈put O into＋名詞〉のような前置詞を伴うフレーズでは，前置詞の意味が強く出てくるために，動詞の意味(この場合「置く」)がかき消されてしまい，最終的な日本語訳には出てこない場合があるのです。

訳 彼は自分の考えを言葉に表すのが得意ではない。

06

Little does he realize **how** important this meeting is.

【関西外語大】

Little does he realize [how important this meeting is].
M[副] 助 S V ◎ C' S' V'

＋ 次のときのlittleは名詞にかかる形容詞。

① a little＋不可算名詞「少しの～（がある）」
② little＋不可算名詞「ほとんど～ない」

本文は，①でも②でもありません。なぜならば，直後に不可算名詞が無いからです。

本文のように，不可算名詞を伴わず，littleが動詞にかかって，一語で副詞の働きをすることがあります。このとき，「全く～しない」のように，強い否定の意味（完全否定）になります。

＋ さらに... does he ...の語順に注目です。クエスチョンマーク（？）が付いていないのに，疑問文のような順番になっていますね。「**否定の意味をもつ副詞（句）が文頭に来ると，主節のSV部分が疑問文と同じ語順に変化する**」という重要なポイントです。

否定の副詞littleが文頭に置かれているために，その後の主節部分（本来はhe realizes ...）が，疑問文と同じ語順に変化し，does he realize ... になっているのです。〈do[does / did]＋S＋原形～〉は，【一般動詞の疑問文】と同じ語順ですね。

今回は，英文全体が現在時制，Sの位置にhe（三人称単数）が来ているので，現在時制の三人称単数ということから〈does＋S＋原形～〉となります。疑問文と同じ語順ですが，訳（意味）まで疑問文にする必要はありません。通常の肯定文のように訳出してください。

＋ howは疑問副詞。疑問詞は，名詞のカタマリ（名詞節）を作ることができます。realizeに対する目的語がhowのカタマリです。

howのカタマリの内側にも，従属節という，主節より小さなSVが潜んでいます。特に，**カタマリの内側で，形容詞・副詞がhowの直後まで移動する**というポイントに注意です。

本文も，元々は，

　　<u>this meeting</u> <u>is</u> **important**
　　　　S　　　　 V　　　 C

となっていたのですが，howがつくことで，形容詞のimportantがhowの
直後まで移動し，

　　how **important** <u>this meeting</u> <u>is</u>
　　　　　　C　　　　　　S　　　 V

となってしまうのです。

　howが使われたときの，howのカタマリ内側の形容詞・副詞の順番に
注意しましょう！

───

訳 この会議がどれほど重要であるかを彼は全く理解していない。

07

It makes no difference whether you go today or tomorrow.

【早稲田大】

It makes no difference [whether you go today or tomorrow].
Ⓢ仮　Ⓥ　否　Ⓞ　　　Ⓢ真　S'　V'i　M'　　　　M'

+ 主語の位置にitを見た瞬間に，形式のitではないか？ と考えます。「**形式のit**」とは，日本語にはない，英語特有の表現法です。SやOをひとまず抽象的にitという一言で表し，そのitが具体的に指している名詞のカタマリを，英文の後ろの方向に置くのです。

　本文は，形式のitがS（主語）の位置に来ていますので，**【形式主語構文】**です。この形式のitが，**英文の後ろの方向にある名詞のカタマリを指す**わけです。ちょうど従属接続詞whetherのカタマリがありますね。whether「〜かどうか」は名詞節をつくることができるので，itはこれを指しているのではないか，と考えることができます。

+ it makes no difference「それは，ゼロ個の違い（差）を生み出す」が直訳。noは，名詞differenceにかかっており形容詞。意訳して，「それは，違い（差）を生み出さない」という意味になります。何の違いも生み出さないので，最終的には「**重要ではない，どちらでもよい，どうでもよい**」のように訳します。

+ noは，大きく2パターンです。
  ① **形容詞のno「ゼロ個の〜，ゼロ人の〜」** ⇒ **文法上，名詞にかかる。**
     I have no wife.
     ※「私はゼロ人の妻をもっている」が直訳。意訳して「**私は妻をもっていない，私には妻がいない**」となります。このときのnoも英語特有の言い回しなので直訳するとヘンな日本語になってしまいますが，仕方ありません。こういったnoの言い回しや考え方そのものが日本語のセカイに存在しないのです。

     noのコアイメージは「ゼロの〜」。この「ゼロ」という概念を日本人は元々もっていなかったのです。欧米人にとっては「私は，鉛筆をゼロ本持っている，本をゼロ冊もっている」のような言い

回しはいたってふつうのことなのですが，日本人はこのような言い方はしませんね。

　　もし訳せと言われれば，日本語では，形容詞のnoは，文の最後にもってきて「私は鉛筆を持っていない，本を持っていない」のような意訳をすることになります。

② 副詞のno ⇒ **文法上，名詞以外にかかる。**

　※**no more than ～** 「～にすぎない」など，noの直後に比較級が来て，no 比較級than ～という表現になっているとき。このときのnoは直後の比較級にかかっている副詞です。

✚ 従属接続詞**whether**のカタマリは「**確定していない事実**」を表しています。"確定していない"というキモチを込めて「～かどうか」と訳すわけです。一方で，確定した事実を表すときは，一般的には，従属接続詞that「～ということ」を用います。

訳 君が今日行こうと明日行こうとどちらでも同じことだ。

08

We are looking forward to meeting you in Tokyo.

【早稲田大】

+ **look**「視線を集中する」は【**完全自動詞**】。完全自動詞とは，後にOもC
 もとらない動詞のことで，英文の中心はSVの2つの要素だけで成立しま
 す。英文の中心以外の要素であるM（修飾語句）はあってもなくてもOKで
 す。本文でも，lookの後に来ているのはMばかりですね。
  lookは【**完全自動詞**】で，**SV文型**（第1文型）**で使われる場合が多い**，
 というポイントはしっかり整理しておきましょう。

+ **forward**は一語の副詞。lookを修飾しています。意味は大きく2つ。
  ①「**（空間的に・場所的に）先へどんどん，前に向かって**」
  ②「**（時間的に）未来へ向かって，将来へ**」
  皆さん，サッカーのフォワードなら知っていますね？ それは①の意味
 でしょう。元々①の意味で使っていたものが，意味が広がっていき②で
 も使われるようになったのです。**look forward**となったときは，多く
 の場合②の意味です。
  look forward to meeting you in Tokyoにおいて，「あなたに東京で会
 うこと」は，これから未来・将来起こるイベントなのです。「これから起
 こるイベントに対して，視線が集中している」というのがlook forward
 to ...のコアの意味です。「…はまだかな，早く…が起こればいいのに」
 といった，**未来のイベントに対してワクワクするキモチ，待ち望むとい
 うキモチを表す場合が多い**のです。

+ **look forward to ...**「**…を楽しみにして待つ**」のtoは前置詞のtoです。
 前置詞のtoの後に来るのは，純粋名詞（元から辞書に名詞と掲載されてい
 る単語）か動名詞（動詞にingをつけて名詞化したもの）です。look forward
 toのtoは**不定詞ではないので**，動詞の原形を後にもってこないようにし
 ましょう。
 ※以下の表現は特に間違いやすく頻出。**前置詞のtoだ！** 不定詞のtoでは

ない！

▶ *be* accustomed to …ing「…することに慣れている」
　＝ *be* used to …ing

▶ object to …ing「…することに反対する」

▶ what do you say to …ing「…することに対してあなたは何を言いますか」＝「…することに対してどうですか，…しましょうよ」

▶ when it comes to …ing「話の状況(it)が…ということに到達すると」＝「話が…に達すると，話題が…ということになると」

✚ **look**が他動詞としてSVO（第3文型）で使われるのは，以下の例外的な2つのパターンだけです。

　① 命令文で用いて，〈look＋疑問詞の名詞節〉のパターン

　　<u>Look</u> [<u>what</u> <u>you</u> <u>have done</u> ●].
　　　V　　　 O　　S′　 V′　　　O′欠

　　「[あなたがしてしまったこと]を確かめてごらん」

　　※「君はなんてことをしてしまったんだ，なんてざまだ」といった非難・叱責のキモチを込めてよく使われる言い回し。疑問詞は名詞のカタマリを作ることができますね。このときlookは例外的に他動詞になりOをとります。look＋[疑問詞の名詞節]の場合，look自体は「確かめる」という意味をもっています。

　② 〈S＋look＋名詞＋in the face[in the eye]〉のパターン

　　<u>She</u> <u>looked</u> <u>me</u> <u>in the eye</u>.
　　 S　　 V　　　 O　　 M

　　「彼女は私の目をじっと見た」

　　※ look me「私のほうに視線を集中する」とまずは大まかに[抽象的に]言っておいて，次に，特にどの部分に視線を向けたかの説明を，in the eye「目の部分に」と詳しく[具体的に]表現しています。look ... in the eyeで，トータルでは「…の目をじっと見る」のようにまとめて訳します。このパターンでは，例外的にlookはSVO文型で用いられるのです。

訳 私たちは，東京であなたと会うことを楽しみにしている。

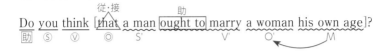

Do you think that a man ought to marry a woman his own age?

Do you think [that a man ought to marry a woman his own age]?
助 Ⓢ Ⓥ Ⓞ 従・接 S' 助 V' O' M

＋「冠詞は文構造の切れ目！」というポイントを意識しましょう。a woman とhis own ageの，aとhisの部分で構造の切れ目があるはずだ！ と考えてください。このときhisの所有格も広い意味で冠詞の仲間と捉えます（正式にはこれらすべてを限定詞と呼びます）。

＋ 本文では，his own ageの前にofが省略されており，of his own ageで〈前置詞＋名詞〉＝形容詞句となり，修飾語句（M）として名詞a womanにかかっているのです。「文中の〈前置詞＋名詞〉は，原則，左方向の語句に対して説明を付加する」という読解ルールも押さえておきましょう。
※of ... shape「…のカタチをもっている」，of ... size「…の大きさをもっている」，of ... kind「…の(性)質・種類をもっている」など，非常によく使われる表現の一部は，慣用化してofが省略されてしまうことがあるのです。

＋ このofは「ある性質をもっている【構成要素】」という用法です。ofのコアイメージは【中身・内容・材料・組成】。例えば「チョークの中身は石灰です」は「内容(物)・材料は石灰です」とほぼ同じ。少し難しい言い方をすれば，「チョークの組成」のことを言っているわけです。【中身・内容・材料・組成】は全て同じ前置詞ofで表すのです。ここから【構成要素】のofへと意味が発展していくわけです。

＋ 本文では，a woman (of) his own ageとなっています。英語は左から右へと，【抽象（大まか）】から【具体詳細（細かく）】へと情報が流れていくイメージをもちましょう。「女性」とまず大まかに言っておいて，その後に，その女性を構成する様々な性質が具体的説明（M）として続きます。
　その女性は，「美しさ」という性質をもっている (of beauty) かもしれませんし，他にも「優しさ」や「大胆さ」といった性質をもっている (of

kindness, of courage) かもしれません。さらに，身長などの外見的なことであっても，これら全ては，ある一人の女性を構成する要素なのです。

　ある女性の構成要素とは，ある女性を形作っている材料と言ってもよいでしょう。ある一人の女性は，「美しさ」，「やさしさ」，「大胆さ」，「身長」…その他無数の性質が集まってできているのです。【材料】も【構成要素】も根本的には同じで，**of**を使います。

＋ of his own ageは，「男性の年齢」つまり，相手の男性が仮に30歳なら，女性側も30歳で，「結婚相手の男性と同じ年齢をもっている」が直訳！年齢も，「美しさ」や「身長」と同様にある一人の女性を形作っている性質（構成要素・材料）なので，**of**を使うことができます。ある一人の女性は，数多くの性質（材料）から成り立っており，その中でも特に，本文では「年齢」にスポットライトを当てているのです。

　This is the matter **of great importance**.
　「これはとても重要な問題だ」
　　※「問題」（the matter）と大まかに言った後で，「大きな重要性をもっている」という詳細な情報を説明(M)として付け加えている。
　ownは「〜自身」と訳すことが多いのですが，〈所有格＋**own**〉となった場合は，「少しだけ**所有格を強調する書き手のキモチ**が込められているのだな」というイメージをもちましょう。「〜自身」という日本語訳が100％いつもピッタリあてはまるわけではありません。今回もあえて日本語訳には出していません。
　　my book「私の本」
　　my **own** book「(他の誰でもない)私の本」　　　　| 強調されている！ |
　　※表面的な文字面の日本語訳としては同じになってしまう場合もあります。日本語の言い方としてそぐわない場合は，あえて日本語訳に出す必要はありません。ただし，書き手の強調（ときによっては対比）のキモチを読み取っておけば，リーディングにおいて，正確に深く内容を理解できるでしょう。

訳 あなたは，男性が同年齢の女性と結婚すべきものだと考えていますか。

> # He is a good pianist.

<u>He</u> <u>is</u> <u>a good pianist</u>.
ⓢ　ⓥ　　　ⓒ

✚ 本文は次の2つの解釈ができますが，特に注意すべきなのは②です。

① 「彼は，**素晴らしいピアニストだ**」
② 「彼は，**ピアノをうまく弾く（ピアノを弾くのがうまい）**」

①はプロのピアニスト，②は，「特にプロというわけではないが，ピアノの演奏がうまい，彼の特技はピアノの演奏だ」くらいのニュアンスを表します。

②の解釈は，まず，**元の文の名詞を動詞化し，形容詞を副詞化**して訳す。このとき，元の文の動詞は形式的に置かれているだけなので，訳すときはほぼカットします。

He <s>is</s> a good 〔pianist〕.「彼はうまく〔ピアノを弾く〕」
　　　　　　[M]　　　[V]

※②のパターンで，形容詞＝good / great / bad / poorが来たときに注意！ **good**は「良い」ではなく「**上手く，上手に**」，**great**は「偉大な」ではなく「**〜を大変に好んで，頻繁に**」，**bad / poor**は「悪い，貧乏な」ではなく「**下手に**」と解釈しましょう！

He is a bad 〔reader〕. 「彼は，下手に〔読む〕」
　　　　　　[M]化　[V]化 　「彼は読むのが下手だ」
He is a great 〔traveler〕.「彼は，頻繁に〔旅行する〕」
　　　　　　[M]化　[V]化　 「彼は，旅することを大変に好む」
　　　　　　　　　　　　　　「彼は，旅行するのが大好きだ」
He is a good 〔cook〕.　「彼は，上手く〔料理をする〕」
　　　　　　[M]化　[V]化　 「彼は，料理をするのが上手い」

📖 彼は，素晴らしいピアニストだ［彼は，ピアノをうまく弾く（ピアノを弾くのがうまい）］。

11

> So strong was the impression nobody could forget it.

So strong was the impression 〈•nobody could forget it〉.
Ⓜ Ⓒ Ⓥ Ⓢ Ⓜ S' V' O'

（従・接[that]の略）

+ S+*be* so+C 〈that S′ V′ ～〉「Sはあまりにも C で，S′ V′ ～するほどだ」
は，いわゆる so ... that ～の構造です。このときの注意点は3つ！

❶ 従属接続詞 that は，一般に名詞節を作る場合が多いのですが，so
... that ～構文においては，名詞節ではなく副詞節を作ります。

❷ so ... that ～構文の従属接続詞 that は，しばしば省略されます。
試験本番では緊張してしまい，見逃してしまうこともあります。
that が消えたカタチをふだんからしっかり目に焼き付け，慣れて
おきましょう！

❸ 主節に SVC 文型がある場合，語順移動が生じ，So C is S 〈that
S′ V′ ～〉になる場合あり！

C の部分には【評価・感動・驚きのキモチを示すワード】が来ます。
さらに，強調語句の so「非常に，あまりに」が付くことで，この
キモチが特に強くなるのです。「めちゃおいしい！ このお菓子」の
ようなリアルな会話（話し言葉）の発想から，【強い評価・感動・驚
きのキモチを示すワード】＝C の部分をまず最初に言いたい！ ゆ
えに C が先頭に出る語順移動が生じるのです。

ちなみに，so ... that ～構文の主節部分の語順移動については，
ほぼ So C is S（つまり CVS）のパターンになります（So C S is の
パターンになることはまれ）。

本文で，従属接続詞 that を復元すると次のようになります。

So strong was the impression 〈**that** nobody could forget it〉.
M C V S M S' V' O'

+ impression [impréʃən] 图 印象

訳 その印象はあまりにも強烈で，誰もそれを忘れることができないほどだった。

21 •

12

What appears to the point is that the Japanese educational system trains people to get maximum mileage out of such native ability as they possess.

【上智大】

[What appears to the point] is [that the Japanese educational system trains people to get maximum mileage out of such native ability (as they possess)].

[訳出不要]

➕ [what ... V′ ...]は，巨大な**名詞のカタマリ**（名詞節）になることができます。本文では，文全体の主節のSになっています。

➕ [what ... V′ ...]の「…」にあたる部分，つまり，whatのカタマリ内側文型（従属節）では，whatより後で名詞が1つ欠けた文【**不完全な文**】になります。本文でwhatの内側文型を分析してみると，V′＝appearsに対して，to the point＝C′，しかし，S′にあたる名詞がwhatより後で見当たらないので，カタマリ内側でS′が欠けている【**不完全な文**】であることが確認できます。

➕ appearは，「SVC文型【第2文型】動詞」になることがあります。最もよく使われるSVC文型動詞はbe動詞なので，【**be兄弟**】と呼ぶ場合もあります。

⎹**よく出るSVC文型【第2文型】動詞，いわゆる"be兄弟"**⎸
⇒ **これらの動詞を見た瞬間，Cになれる「様子や状態」を示すワードを探せ！**

〔例〕appear＋C「Cであるように見える・思われる」，seem＋C「Cであるように見える，思われる」，look＋C「Cであるように見える」，sound＋C「Cであるように聞こえる」，smell＋C「Cであるような匂いがする」，taste＋C「Cであるような味がする」，feel＋C「Cであるように（話し手には）感じられる」，prove＋C「Cであること

が判明する」

+ to the point 句 的を射て

　前置詞toのコアイメージは【到達】。the pointで「物事の中心点・核心」の意味。to the pointで「物事の核心に到達した状態で」が直訳。意訳すると、「話の的を射ている」ということになります。

　通例、〈前置詞＋名詞〉＝Mとなりますが、本文ではCになっています。〈前置詞＋名詞〉は、原則M（修飾語句）。しかし、本文のように、周囲にbe兄弟動詞があるとき、〈前置詞＋名詞〉＝Cになることができるのです。

+ educational system 句 教育制度

+ train＋O＋(to do ...) 「トレーニング（訓練）することで、Oに〜させる」
＝「Oを〜するように訓練する、鍛える」は、元々「Oに〜させる」のニュアンスをもっているため、SVOC文型【第5文型】をとることができます。このとき、(to do ...)の不定詞のカタマリ（句）をCにすることができます。

+ maximum [mǽksəməm] 形 最大（限度）の

+ mileage [máilidʒ] 名 利益、恩恵、有用性、総飛行マイル数

+ out of 句 〜から

+ such＋[名詞]＋(as S′ V′) 句 (S′ がV′ するような) [名詞]

　このときのsuchは、品詞分解上は形容詞で、あとの名詞にかかっています。suchとasが離れて出てきた場合、such自体は、記号のような働き。ただ置かれてあるだけで日本語に訳しません。(as S′ V′)のカタマリ部分を、「S′ がV′ するような」としっかり訳してやればよいでしょう。

　asのカタマリ内側の文型（従属節）は、名詞が1コ欠けた文【＝不完全な文】になっている点も注意。本文では、V′ ＝possess「〜をもっている」に対するO′ が欠けているのです。

　suchとasが離れて出てきた場合、このときのasは、次のような❶か❷のパターンになることが多いのです。本文は❶のパターンです。

❶【関係代名詞のように働くas】
　⇒ (asのカタマリ内側)に不完全な文

I will send him such books (as I have ●).
S　V　　O₁　M　　O₂　　M S′ V′ O′欠

「私は彼に私が持っている本を送るつもりだ」

※疑似関係代名詞のasと呼ばれるパターン

❷【前置詞のように働くas】

⇒ asの後に名詞

<u>There are</u> <u>no such</u> <u>things</u> (<u>as ghosts</u>).
 V M S M

「（おばけのような）ものは存在しない」

※ suchとasがくっついて出てきたら，品詞分解上は| such as |で1つの前置詞のように考えるとわかりやすい場合が多い。

<u>There are</u> <u>fruits</u> | <u>such as</u> | apples and oranges <u>on the table</u>.
 V S M=前＋名   M

「テーブルに，リンゴやオレンジのような果物があります」

✚ **native ability**　句 生まれつきの能力

訳 的を射ているように思われることは，日本の教育制度が，人々がもっている生まれつきの能力から，最大の恩恵を得るように訓練しているということである。

✎ 13

> What few friends I have here have been very kind to me.

[What few friends I have here] have been very kind to me.
Ⓢ 関・形 M′ O′ S′ V′ M′   Ⓥ   Ⓜ Ⓒ Ⓜ

✚ 関係形容詞whatの構造

[what (few / little)＋名詞＋S′ V′ ...]

[少ないながらもS′がV′する全ての名詞]

> ※fewは直後の名詞が**可算名詞**のとき。littleは直後の名詞が**不可算名詞**のとき。このfewもlittleも形容詞で，後ろの名詞にかかっており，「少ないながらも」と訳します。

> ※whatは[**カタマリ**]**の内側で形容詞の働きをする**ので，関係形容詞と呼ばれています。whatも後の名詞にかかっており，「どんなものでも，すべての」と訳します。

> ※[カタマリ]の内側の〈名詞＋S′ V′...〉の部分で，品詞分解上，完全な文になります。ただし，語順移動が生じている場合も多いので注意が必要です(例えば，whatがかかる名詞がO′になり，〈O′＋S′＋V′〉のパターンになっていることが特に多い)。

〔例〕[what little money I earned]
　　　　関・形 M′ ⌣ O′ S′ V′

> 「少ないながらも，私が稼いだ，全ての金」
> ※moneyは不可算名詞なので，fewではなくlittleを使います！

訳 ここで私が持っている[ここにいる]少ないながらも全ての友人が，私に対して，今日までとても親切にしてくれています。

14

The time may come when we can go by train from Nagoya to Tokyo in one hour.

【愛知工大】

The time may come (when we can go by train from Nagoya to
 ⓈＳ　　Ⓥi　　　Ⓜ　 S′　 V′i　　 M′　　　　　　 M′　　　　 M′

Tokyo in one hour).
　　　　 M′

+ **関係副詞の先行詞が離れるパターンに注意！**

The time + V ... (when S′ V′). 「(S′がV′する)ときがVする」
　　 S　　　　 M
　　　　　　　　　　　 完全な文 が来る！　　 (関係副詞whenの後だから)

関係代名詞(which / what / who / whom / that)がつくるカタマリの内側は，**名詞が1コ欠落する 不完全な文** 。

一方で，**関係副詞**(when / where / why / how)がつくるカタマリの内側は，**名詞の欠落なしの 完全な文** となる。

※ timeがdayに変身することがある。

The day will come **when** there will be no war in the world.
「世界で戦争が存在しなくなるだろう日がやってくるだろう(＝世界から戦争がなくなる日が来るでしょう)」

+ この英文に出てくる**come**も**go**も，「移動」の意味をもつ【完全自動詞】。ＯもＣも取りません。SV(第1文型)のカタチで完全な文とみなします。M(修飾語句)は，文の主要素でなく，単なる飾り(脇役)なので，英文中にあってもなくてもOK。

英語では，【移動】，【存在】，【出現・発生】，【働き・作用・活動】，【(S自身の)変化・増減・発展成長】，【集中・専心】などの意味をもつ動詞は，完全自動詞として使われることが多いのです(絶対とまでは言えませんが)。

【移動】

He goes to school.
S　V　　M

「彼は学校に通っている」

【存在】

He stays at the hotel.
S　V　　M

「彼はそのホテルに滞在している」

【出現・発生】

Earthquakes often occur in this area.
S　　　　M　　V　　M

「しばしば，この地域で地震が起こっている」

【働き・作用・活動】

He worked in the films.
S　V　　M

「彼は映画界で働いていた」

【（S自身の）変化・増減・発展成長】

He grew up in a middle-class family.
S　V　M　　M

「彼は中流家庭で育った」

※「Sが自分以外のものを変化させる，増減させる，発展成長させる」
　の意味のときは，SVO（第3文型）の他動詞となる。
　　He grew roses. 「彼はバラを育てていた」
　　S　V　　O

【集中・専心】

He listened to music.
S　V　　M

「彼は音楽に耳を傾けた」

※listen「集中して聴く＝耳を傾ける」は【集中】のニュアンスあり。
　listenは【完全自動詞】で，SV（第1文型）で用いられます。一方で，
　hear「（本人の意志に関係なく，勝手に）聞こえてくる」は【集中】
　のニュアンス無し。hearは【他動詞】で，SVO（第3文型），または

SVOC（第5文型）で用いられます。

＋ by train 句 列車で（移動する）

〈by＋無冠詞＋移動手段の名詞〉のカタチで用います。byの後で, 移動・手段を示す場合, **無冠詞**になる点が試験の頻出ポイント！

類 by car「車で（移動する）」, by bus「バスで（移動する）」, by plane「飛行機で（移動する）」, by bike「自転車で（移動する）」, by air「空路で（移動する）」, by land「陸路で（移動する）」, by sea「海路で（移動する）」

訳 列車で名古屋から東京へ1時間で行くことができる時代がやって来るでしょう。

There is no girl but likes sweets.

関・名 ┌S'欠
There is <u>no</u> <u>girl</u> (<u>but</u> • <u>likes</u> <u>sweets</u>).
  Ⓥi   Ⓜ Ⓢ   Ⓜ   V'   O'

✚ but＝(that ... not ...)の構造パターンで，このときbutは「**否定の意味を内部に含んだ関係代名詞**」となります。(but ...)を「…しない」と訳し，先行詞にかけます。関係代名詞の後は不完全文(本文はS'欠)。

> ※試しに，等位接続詞のbut「しかし」で意味をとってみると，「女の子が存在しない。しかし，甘いものを好む」という訳になり，後半部分の主語がなく意味不明ですね。今回のbutは，等位接続詞ではないことがわかるはずです！

類例

There is <u>no</u> <u>rule</u> (<u>but</u> • <u>has</u> <u>exceptions</u>).
  V   M S   M S'欠V'   O'

「(例外をもたない)規則は存在しない」

✚ 本文や類例からわかるように，この「否定の意味を内部に含んだ関係代名詞のbut」は，**左方向の主節部分の否定的なワード(noなど)と，セットで使う場合が多い**のです。

訳 甘いものを好きではない女の子はいない。

16

What a dictionary says is not always correct.

【早稲田大】

[What a dictionary says] is not always correct.
ⓢ　　　S'　　　V'　　ⓥ　否　　Ⓜ　　　ⓒ

✚ **what**は原則，**【関係代名詞・疑問代名詞】**になり，**名詞節のカタマリ**を作ります（p.22参照）。

　　名詞節を作ることができるものとしては，次の6つをチェック！

　　　① what「〜するもの・〜すること・何が（を/に）〜するか」【関係代名詞・疑問代名詞】

　　　② that「〜ということ」【従属接続詞】

　　　③ if「〜かどうか」【従属接続詞】

　　　④ whether「〜かどうか」【従属接続詞】

　　　⑤ あらゆる疑問詞

　　　⑥ whatever・whichever「〜するもの何でも・〜するものどれでも」【複合関係代名詞】，

　　whatに関して，〈what is＋比較級〉「さらに〜なことに」という場合，例外的に，副詞節（Mのカタマリ）になることがあります。

　　　whatについての例外

　　　　　　S'欠　V'　C'
　　　　〈What is worse〉, he was absent.
　　　　　　Ⓜ　　　　　　S　V　　C

　　　「さらにひどいことに，彼は欠席していた」

✚ whatを関係代名詞（「もの・こと」）として読むか，あるいは，疑問代名詞（「何」）として読むかは，最終的には意味判断ですが，1つのヒントとして，「何かを尋ねる（ask）」のようなフレーズがwhatの周囲にあれば，what＝疑問代名詞と考え，特にそういったものが見当たらない場合は，what＝関係代名詞と考えるようにします。本文では，「尋ねる」のような語句が無いので，関係代名詞のwhatとして解釈しています。

He asked me [what I wanted ●].
S　V　O₁　[O₂ S' V' O'欠]

「彼は私に［何を私が望んでいるか］を尋ねた」

※ whatのカタマリの内側は，名詞が1つ欠落します。今は，他動詞 says「言う」の目的語(O)が欠けています。ちなみにこのような現象については，whatが疑問代名詞であっても関係代名詞であっても，同じことが言えます。

✛ not alwaysは「いつも～というわけではない」という意味の**【部分否定】**構文です。〈not＋100%を示すワード〉という形に注目です。このとき否定語は最後に「～というわけではない」と訳すようにしてください。

類 not both「両方が～というわけではない」
　 not every「すべてが～というわけではない」
　 not necessarily「必ずしも～というわけではない」
　 not quite「完全に～というわけではない」
　 not altogether「完全に～というわけではない」

訳 辞書に書いてあることはいつも正しいとは限らない。

The government used to own the entire rail industry.

【中央大】

The government **used to** own the entire rail industry.

Ⓢ　　　　助　Ⓥ　　　　　　　Ⓞ

+ **government** [ɡʌ́vərnmənt]　名 政府

+ **used to＋原形**　句 かつては…だった（しかし今はそうではない）

　　過去と現在の対比を示す表現。used toで，まとめて1つの助動詞のようなイメージで捉えましょう。

　　used toの2つの法則に注意！

　　❶ used to「かつて～だった」は**助動詞**だから，be動詞を前に付けない！

　　　　… is can … や… am will …なんて言いませんよね。<u>助動詞の前にbe動詞が付くことはありえません！</u>　これと同じように，助動詞used to「かつて～だった」の前にbe動詞を付けて，is used toなんて言ってはダメです！

　　❷ used to「かつて～だった」は**助動詞**だから，後ろは動詞の原形！

　　　　… can getting up early …なんて言いませんよね。… can get up early …が正しい。これと同じように，助動詞used to「かつて～だった」の後ろは動詞の原形です！　… used to getting up early …なんて言ってはダメです！　… used to get up early「かつて早起きしていた」が正しい！

+ 助動詞used to「かつては～だった」にそっくりなのに，よく見ると，構造も意味も全く別の2つの構文があります（試験で狙われやすい）！

　　┌─────────────────────────────────────┐
　　│ S ＋ be ＋ used ＋ to *do* …「S は，…するために使われる」│
　　└─────────────────────────────────────┘

　　　⇒ used to の前にbe動詞があることから，法則❶に矛盾します！　助動詞のused to「かつて～だった」とはまったく別の構文で，実は単なる他動詞use「～を使う」の受身文です。to *do*は「～するために（目的）」で訳し，Mのカタマリ（不定詞副詞的用法）でbe usedにかかります。

<u>This tool</u> <u>is used</u> <u>to learn English</u>.
   S   V受   M

「この道具は，英語を勉強するために使われます」

S＋be＋used to …ing「Sは，…することに対して慣れている」

⇒ used to の前にbe動詞があることから，法則❶に矛盾します！ さらに，used toの後が原形ではなく，…ing（動名詞）になっているので，法則❷にも矛盾しています。

　これも，助動詞のused to「かつて～だった」とはまったく別の構文です。used「慣れている」は，語尾にedが付いた形容詞になっています。このときのto「～に対して」は前置詞です！

　S＋be used「Sが慣れている（SVC文型）」に後続するtoは必ず前置詞のtoだ，不定詞のtoではないのだ！ とふだんから唱えておきましょう。前置詞の後なので，（動）名詞がくる。だから…ingとなるのですね。

<u>I</u> <u>am used</u> to <u>getting up early</u>.
S V   C   M

「私は，早起きすることに対して慣れている」

✚ **own** [óun]　動 ～を所有している

✚ **entire** [intáiər]　形 全体の，全くの

✚ **rail** [réil]　名 鉄道，鉄道のレール

✚ **industry** [índəstri]　名 業（界）

訳 かつて政府は鉄道業全体を保有していた。

18

> He is courageous enough to do what he thinks is right.
>
> 【早稲田大】

He is courageous enough (to) do [what 〈he thinks〉 is right].
S V   C   M   V   O   M' S'欠   V' C'
                  M

✛ 形容詞〔副詞〕＋enough to *do* ... 旬 …するほど，十分〜だ

「副詞のenoughは必ず後ろから前に向かってかかる」と，声に出して覚えること！ 日本人はライティングにおいて，このenoughの語順を間違いやすいのです。

enoughを，「十分」などと日本語訳だけを覚えたり，「副詞」という文法用語を覚えたりするだけではダメです！ 実際英文を書くとき，話すとき，瞬時に正しい使い方ができるように準備をしておきましょう。

to *do* ...は，一般に【不定詞の副詞的用法】と呼ばれているものです。enoughに対して，さらに後ろから，to *do* ...のカタマリがM（修飾語句）としてかかっているのです。

✛ 英語は，左から右へ，「大まかな情報」から「詳しい情報」へと伝えていく言語です。まずは，大まかにcourageous「勇気がある」と言っておいて，その後にenough「十分（勇気がある）」と細かい情報を足していきます。

最後に，「十分に勇気がある」とは具体的にどの程度のことを言っているのか，さらに詳しい情報（「程度」についての具体説明）を，to *do* ...のカタチで表していきます。【抽象・漠然】から【具体・詳細】へという英文のナガレをイメージするようにしましょう。

✛ to doの不定詞のカタマリの内側にも，さらに小さな文型【ミクロ文型】が潜んでいるので，注意が必要です。本文ではto do「するほど，行うほど，実行するほど」ですが，すばやく「何を？」とツッコミをいれながら読み進めて行く感覚が大切です。つまり，「…をするほど」の「…」にあたる部分がwhat節なのです。whatのカタマリは名詞のカタマリですから，to doに対する目的語になることができるのです。

このように不定詞のカタマリ（句）の内側に潜むミクロ文型を【準動詞

• 34

文型】と呼びます。

+ **what is right**は「**正しいこと**」となります。whatのカタマリの内側は，名詞が1つ欠落する不完全な文が来ます。isがbe動詞のV′で，right（形容詞）がC′。isに対するS′が欠けた不完全な文ということになります。

　本文では，what **he thinks** is rightとなっていますね。関係代名詞の直後に，〈名詞＋think（思考）/ say（発言）〉が来て，さらにその先に動詞があるとき，赤字部分は挿入された一語の副詞のように捉え，赤字部分をいったん飛ばしてそれ以外の部分を分解してみると，通常の関係代名詞と同じように，カンタンに理解することができます。

　これは，【連鎖関係代名詞】という重要ポイントです。本文でもhe thinksをいったん飛ばして考えれば，構造上は通常の関係代名詞what is right「正しいこと」と同じであることがわかります。本文は，これに**he thinks**という挿入の副詞が入り込んだと考えてください。訳出は，「**正しいと彼が思っていること**」となります。

❶ <u>The man</u> (who was a lawyer) <u>deceived</u> <u>me</u>.
　　S　　　　　　　　　　　　　　　V　　　O
　「（弁護士である）男が私をだました」

❷ <u>The man</u> (who **I thought** was a lawyer) <u>deceived</u> <u>me</u>.
　　S　　　　　　　　　　　　　　　　　　V　　　O
　「（弁護士である〈**と私が思っていた**〉）男が私をだました」

⇒ ❶は，「実際に弁護士をしていた男」のことを言っているのに対して，❷は，「弁護士をしていたと私が思っていた男」というだけで，本当にその男が弁護士であったかどうかはわかりません。あくまでも私の主観ということです。

※連鎖関係代名詞の訳し方
　先行詞 + （関係代名詞 + 〈名詞 +think / say〉 ～ V′ ～）
　「（～ V′ ～ 〈と 名詞 が考えている/言っている〉）先行詞」

訳 彼は自分が正しいと思っていることをするだけの勇気がある。

19

This is more than I can stand.

【早稲田大】

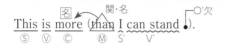

This is more (than I can stand).
(S) (V) (C) (M) S′ V′

+ moreは，元々は形容詞なのですが，**数量を表すワードは，同時に名詞の働きになることがあります**。本文のように，後にthan ～「～より」のカタマリが続くことが多く，more than ～で「**～より多くのもの，～を超えたもの，超越したもの，～の範囲をこえたもの**」と訳します。

+ thanは構造上，**① 従属接続詞，② 前置詞，③ 関係代名詞**になります。

① He is younger **than I am**.

※thanの後にはI am（S′ V′）が来ています。文が来ているので**従属接続詞**のthanです。元々は，than I(S′) am(V′) young(C′)という完全な文が来ていました。

主節のyoung(er)と同じ単語で，わかりきった情報なので，従属節のyoungは省略されているのです。

② He is younger **than me**.

※thanを**前置詞**として捉えています。前置詞の後には①のような文（SV）ではなく，名詞が続きます。この②では，〈前置詞＋名詞〉＝M（修飾語）になっているのです。前置詞と名詞で結合し副詞句になっており，youngerにかかっています。前置詞の後に来る名詞のことを正式には【前置詞の目的語】と呼びます。"…目的語" という文法用語のネーミングに注目！「目的語なので，人称代名詞ならば，目的格にしなくてはならない」という点が重要です。人称代名詞は，前後の状況により，I（主格）-my（所有格）-me（目的格）-mine（所有格代名詞）という4つのカタチに変身します。②のようにthanを前置詞として捉えた場合は，前置詞の後は目的格なのでthan meとなります。

①も②も，「彼は私よりも若い」で，イイタイコトは根本的に同じ。thanを従属接続詞として捉えれば①のように表現し，thanを前置詞として捉えれば②のように表現します。thanをどちらで捉えるかは，書いた

人自身のキモチ次第，どちらも正しい英語なのです。

③ Don't tell her more (than is necessary).
　　　 V　O₁　　O₂ M 関・名　　V'　　C'
　　　　　　　　　　　　　 S'欠

　※thanの後をみると，is(V')があることに注目！ be動詞の後はC'
　　が来るはずですから，形容詞necessaryをC'と考えます。isに対
　　するS'が欠けていますね。S'になれるものは名詞です。つまり，
　　thanの後には，名詞(S')が1つ欠けた文【不完全な文】が来てい
　　るわけです。不完全な文が来る場合，thanは**関係代名詞**と考え
　　てください。①の例文と区別。①では，thanの後でyoung（形容詞）
　　がない，ということでした。この③の関係代名詞thanの後で，1
　　つ欠落するものは必ず名詞なのです。

　　このmoreは名詞です。同時に関係代名詞thanの先行詞になっ
　　ています。「必要である範囲よりも超えることを彼女に言うな」
　　が直訳です。「必要とされないことを彼女に言うな，必要とされ
　　ること以外の余計なことを言うな」くらいのニュアンスです。

訳 これは，私が耐えられる範囲よりも超えていることだ［これではとてもたまら
ない］。

20

> Since the beginning of culture, man has been curious about the world in which he lives.
>
> 【東京医科歯科大】

Since the beginning of culture, man has been curious about the
　　 Ⓜ　　　　　 Ⓜ　　　 Ⓢ　 Ⓥ　　　 Ⓒ　　　 Ⓜ

world (in which he lives).
　　　　 Ⓜ　　 S′ V′i

✚ sinceには，① **従属接続詞**，② **前置詞**，③ **一語副詞**の3つの用法があります。

　　sinceの直後をチェックして……，

　　　　① S′ V′ ...が続き，副詞節をつくる ⇒ **従属接続詞**

　　　　She has worked **since** she left school.

　　　　「彼女は学校を卒業してから（今日まで），働き続けている」

　　　　② 名詞が続き，副詞句をつくる ⇒ **前置詞**

　　　　They have known each other **since** childhood.

　　　　「彼らは子どもだったときから（今日まで），お互いを知っている」

　　　　③ 上の①や②の用法にならない ⇒ **一語副詞**

　　　　We have not seen her **since**.

　　　　「我々はそのときから（今日まで），彼女に会っていない」

　　①や②のとき，sinceの直後には，原則**過去の時間を示すフレーズ**あり！①はsince she **left** schoolと過去形になっていますし，②でもsince childhoodは「子ども**だった**ときから」のように，過去の意味を出して訳すことができるのです。

　　①や②のように「いつから」をハッキリ言わずに，ぼかして暗示的・間接的に言うときは，③の一語の副詞のsince「そのときから，それ以来」を使います。③の場合には，これより前の文脈を読むことで，「いつからなのか？」が理解できるはずです。

✚ 無冠詞単数の**man**は「**人間，人類**」の意味です。ポリティカル・コレクトネス（political correctness），つまり，「性別（または，人種，民族，宗教）の上で，特定のグループが軽んじられたり，不当な扱いを受けること

を助長したりする言い方を避けるべきだ」という観点から，「人間・人類」というときは，男性中心をイメージさせてしまう可能性のある（＝女性にとっては不当な）manというワードを避け，human beingsと言うべきだという考え方もあるようです。

＋ *be* curious about＋名詞 句 名詞について好奇心が強い

curious「好奇心が強い」は，人間の意識を表しています。【意識の形容詞】の仲間なのです。意識の形容詞の基本形は，〈S（ほとんど人）＋be動詞＋意識の形容詞＋of＋名詞〉の型をとり，〈S＋*be* aware of＋名詞〉「Sは名詞を意識している」などが有名です。

本文のcurious「好奇心が強い」は，「好奇心がかきたてられる何かの問題について知りたがり，その問題についてあれこれ詮索し，その問題の周辺を嗅ぎまわる」というイメージです。このときの「何かの問題の周辺についてあれこれ」というイメージから，**基本型の〈of＋名詞〉の部分が，〈about＋名詞〉へと変身したのです。**aboutのコアイメージは【周辺】です。

＋ the world in which he lives 句 人間が住む世界

〈前置詞＋which〉と〈前置詞＋whom〉を見たら……，

❶ まずは前置詞を中に入れてカッコを開く。

⇩

❷ カッコの内側には，原則S′ V′ が一組入る。

⇩

❸ V′ がとる文型を意識しながら，文型上，さらには意味上つながっている所でカッコを閉じる。

⇩

❹ カッコの内側は，必要な名詞がそろった，欠落なしの文【完全文】になっていることを確認しよう。

⇩

❺ whichは意味上，前の方向にある名詞【先行詞】を指しています。先行詞をwhichまたはwhomに代入して，前置詞の由来を考えながら，元の文をイメージしてみましょう。元の文が正しくイメージできない場合は，どこかで読み間違っていることになります。

今回の場合，in whichのwhichに先行詞を代入するとin the worldとなり，前置詞の由来を考えてみると，**live in 〜「〜に住む」という表現か**

らinを使っているんだ，ということに気づくはずです。元の文はhe lives in the world「彼が世界の中に住む」がイメージされればOK。元の文のin the worldがin whichに置換され，文をつなぐために，前方向に移動したのです。

　ここで単なる単純代名詞(one，it，themなど)に置換してしまうと，文法的には途中でピリオドが打たれ，2つの文に切れてしまいます。本文のように，1つの文につなげた状態で表現したいときは，関係代名詞に置換するのが原則です。

訳 文化の始まり以来，人間は自分が住む世界について好奇心を抱いてきた。

21

Freedom of religion is guaranteed to all.

Freedom of religion is guaranteed to all.
   Ⓢ   Ⓜ   Ⓥ   受   Ⓜ

✚ 日本国憲法の一部です。有名な表現ですから，皆さん聞いたことはあり
ますよね。日本語においては，英語ほど受身は使用されません。日本語
は受身表現が馴染まないことが多いのです。ですから，日本語に訳す際，
受身は訳に出ない場合が多く，**受身を能動態に変えて訳す【受動態から
能動態への態変換解釈】**のです。皆さんがふだん目にする教科書や参考
書で，**英文は受身なのに，日本語訳が受身ではなく，能動態で訳出され
ていることが多いはず**です。本文も「**これを保障する**」のように能動態
で訳すほうが，日本語としては自然でしょう。

✚ **guarantee**は，文型は2パターン。

    ① S guarantee 物 to 相手 「Sは，相手に対して，物を保障する」
          V   O   M

    ② S guarantee 相手 物 「Sは，相手に，物を保障する」
          V   O₁   O₂

    ※この場合の「相手に物を保障する」とは「相手に物を確実に与え
      るように約束してやる」ということです。guaranteeがとる文型
      は，その単語の内部に「**与える**」のニュアンスを含んでいるので，
      giveの文型によく似ているのです。

本文は，to allがあることから，①のパターンであることに気づきます
ね。さらに，**受身になっていることにも注目**。「**受身は，元の文型からO
マイナス1**」という法則を意識しましょう。①の文型は，SVO文型でOが
1コ。本文は，①が受身になり，Oがなくなっているのです。

訳 信教の自由は，何人に対してもこれを保障する［宗教についての自由は，全て
の人に対して，保障される］。

41 ●

22

> I objected to being treated like a child.

$$\underset{S}{\underline{I}} \ \underset{Vi}{\underline{objected}} \ \underset{前}{\widehat{to}} \ \underset{V}{\widehat{\underset{(受)}{being}}} \ \underset{名}{treated} \ \underset{M}{\underset{(M)}{like \ a \ child}}.$$

✚ 本文の**object**「反対する」は【**完全自動詞**】であることに注目！ 完全自動詞とは，OもCもとらずに，SVのみから成り立つ文型（第1文型）になります。このとき，修飾語句(M)は付いても付かなくてもかまいません。「修飾語句は，文型上ノーカウント」ですから，あってもなくてもどちらでもよいのです。

こういった，試験で狙われやすい【完全自動詞】の数はそれほど多くはありませんから，事前にしっかり暗記しておくことが重要です。

「**object**の後に続く**to**は，必ず前置詞の**to**だ！〈前置詞＋（動）名詞〉で結合しMとなる，**object**の後の**to**は不定詞の**to**じゃないゾ！」と何度も声に出して覚えるようにしてください。

✚ **being treated**の元の動詞は**treat**「～を扱う」です。この動詞を名詞に変化させた場合には，**❶能動の動名詞**，**❷受身の動名詞**，の大きく2種類が存在します。

　　　　❶ treating「扱うこと」
　　　　❷ being treated「扱われること」

もちろんこの2つには，「…する」と「…される」の意味の違いがあります。しかし，もっと大きな違いは，「ingの先にミクロの目的語をとるかどうか」というポイントです。

❶では，「扱うこと」の先に「誰を？」というツッコミが入り，動名詞treatingに小さな目的語（ミクロの目的語）が付くはずです。

それに対して，❷では，❶のようなミクロの目的語が後に付かないのです。「**受身は目的語が（1つ）消える**」という法則があるからです。これは日本語で考えてもわかるはずです。

❶能動の動名詞に，ミクロの目的語を付けて「子ども(O)を，扱うこと」というのは自然ですが，❷の受身の動名詞の場合に，ミクロの目的語を付けて「子ども(O)を，扱われること」というのは何だかヘンですね。受身は目的語が（1つ）消えてしまうのです。

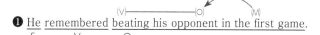

❶ <u>He</u> <u>remembered</u> beating his opponent in the first game.
  S   V   O

「彼は，初戦で相手を打ち負かしたことを覚えていた」

❷ <u>He</u> <u>remembered</u> being beaten ~~his opponent~~ in the first game.
  S   V   O

「彼は，初戦で打ち負かされたことを覚えていた」

※❶は能動の動名詞。「打ち負かすこと」に「誰を？」というツッコミを入れ，後に動名詞に対するミクロの目的語が付いており，「相手(O)を，打ち負かすこと」となっている点に注目してください。ちなみに後のin ...は〈前置詞＋名詞〉＝M（修飾語句）ですから，文型には影響しません。

　一方で，❷は，〈being＋過去分詞〉という受身の動名詞「～されること」のカタチになっています。受身なので❶のような動名詞に対するミクロの目的語が付いていないのですね。

✚ like「～のように，～に似て」は前置詞です。like a child「子どものように」で〈前置詞＋名詞〉＝M（修飾語句）ですから，文型上ノーカウントです。能動の動名詞であろうが，受身の動名詞であろうが，自由に付けることができます。

訳 私は子どものように扱われることが嫌だった。

✏ 23

I have always been jealous of those lucky and talented enough to actually fly in space.　【中央大】

I have always been jealous of those lucky and talented enough to
actually fly in space.

└── [移動] の完全自動詞

╋ 人＋be＋ 意識の形容詞 ＋of＋ 名詞 「人が 名詞 について意識している」のパターン。ofのコアイメージは【中身・内容】。〈of＋名詞〉の部分で，「どういったことを意識しているのか【意識の中身・内容】」を表している。

╋ 意識の形容詞 には，大きく3つの種類があります！
　　　① プラスイメージ
　　　　人＋be proud of＋ 名詞 「人が 名詞 について誇りに思う」
　　　② マイナスイメージ
　　　　人＋be afraid of＋ 名詞 「人が 名詞 について恐れている」
　　　③ プラスマイナスゼロのニュートラル
　　　　人＋be aware of＋ 名詞 「人が 名詞 について意識している」
　　本文で使われている意識の形容詞jealous「ねたんで，嫉妬して」は，②のマイナスイメージですね。

╋ those「人々」は，後ろに様々なM（修飾語）がついたカタチで使われます。thoseに対して，前からMを付けることはできないので注意！
　　本文では，lucky「幸運な」とtalented「（神によって）才能を与えられた＝才能ある」という2つの形容詞(M)がthoseに対して後ろから修飾している。

　▶ those around the president「大統領の周りの人々，大統領の側近」
　　　※aroundは前置詞。〈前置詞＋名詞〉＝M。
　▶ those who favor nuclear energy「原子力エネルギーに賛成する人々」
　　　※人間の先行詞にかかる，関係代名詞whoのカタマリがM（形容詞節）になっている。

✚ **to actually fly**は「**実際に飛んでいけるほどに**」。不定詞のtoと原形がいつもすぐ隣にあるとは限りません！

不定詞において,

toとdoのアイダに副詞(M)が割り込む ⇒ toとdoが離れてしまう！

これを,【遊離不定詞】と呼びます。

〔例〕the necessity **to** really **understand** his way of thinking

「彼の考え方を本当に理解しようとする必要性」

※reallyは副詞でunderstandを修飾しています。reallyが割り込み,toとunderstandが離れてしまっているこの形も,【遊離不定詞】です。

訳 実際に宇宙に飛んで行くことができるほどに幸運で才能がある人々について,私はいつも嫉妬してきた。

24

All that you have to do is (to) wait.

✛ 関係代名詞で省略可能なのは目的格！ 関係代名詞の目的格（that / which / whom）は省略されることが多く，本文のthatも，実際は言わないことが多い（＝省略されることが多い）のです。

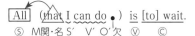

「（私が行うことができる）全てのこと は，待つことだ」

　＝「私に可能な全てのことは，待つことだ／私にできるのは待つことだけだ」

「（私が行うことができる）最善のこと［せいぜいのこと］は，待つことだった」

　＝「私は待つのがやっと（精一杯）だった」

※（　　）の内側で，他動詞do「～を実行する・行う」に対するO′が欠落！ thatは【関係代名詞】です。さらに細かく言えば，カタマリ内側でO′（目的語）が欠落しているときに使われるthatは，【関係代名詞の目的格】です。

He is the person (~~whom~~ I love ●).
    S′ V′ O′欠

He is the person (~~that~~ I love ●).
    S′ V′ O′欠

「彼は私が愛する人だ」

This is the book (~~which~~ I bought ●).
    S′ V′ O′欠

「これは私が買った本だ」

( )の内側でO′欠（目的語が欠落）。関係代名詞の目的格なので省略が多い！

He is the man (who ● kept his word).「彼は約束を守る男だ」

    S′ V′   O′

( )の内側でS′欠（主語が欠落）しているから，関係代名詞の主格が使われている。
関係代名詞の主格は，原則省略できない！

✚ to waitの不定詞のカタマリ（句）は，be動詞の後ろではCになることができる。また，このときの不定詞のtoは，慣用的に省略されることもある。

訳 君は待っていさえすればよい。

✎ 25

He finished the work with surprising ease.

【同志社大】

He finished the work with surprising ease.
Ⓢ   Ⓥ   Ⓞ   Ⓜ

✚ 〈with＋抽象名詞〉は【副詞】の働きになり，Vにかけて訳します。

〔例〕with ease[facility] 「簡単に(Vする)」
    with difficulty 「苦労して(Vする)」
    with rapidity 「迅速に(Vする)」
    with fluency 「流暢に(Vする)」
    with care 「注意深く(Vする)」
    with patience 「辛抱強く(Vする)」
    with enthusiasm 「熱心に(Vする)」
    with deliberation 「意図的に(Vする)」

〈of＋抽象名詞〉は【形容詞】の働きになり，Cになるか，または名詞にかかります。

〔例〕of importance 「重要な」
    of consequence 「重要な」
    of use 「有用な」
    of courage 「勇敢な」
    of interest 「興味深い」
    of value 「価値がある」

〔例外〕〈of＋抽象名詞〉で，形容詞にならず，【副詞】の働きをするもの。
    of necessity 「必然的に(Vする)，当然ながら(Vする)」
    of course 「当然ながら，もちろん」
    (all) of a sudden 「突然に」← allは強調のMで省略OK。

✚ **surprising** [sərpráiziŋ] 形 (周囲の人に)驚きの感情をもたらすような
これを意訳して「驚かせるほどの，驚くような，大変な，凄い」となる。本文では，surprisingは完全に形容詞化しており，ease「簡単さ」という名詞にかかっている。「周囲の人に驚きをもたらすような簡単さ」というのは，「とても簡単に」とほぼ同じこと。surprisingは強調ワード。

with … 抽象名詞やof … 抽象名詞で，アイダに挟まれている「…」の部分は，

　　① 抽象名詞の程度を強調するワード
　　② 否定ワード(no)

のどちらかになります。

〔例〕　with incredible ease「信じられないほどの簡単さで」
　　　　with alarming ease「怖いほどの簡単さで」
　　　　with remarkable ease「注目すべき(驚くほどの)簡単さで」
　　　　※要するに，これらは全て「極めて簡単に」と言いたいのです。
　　　　　incredible，alarming，remarkableは，全てeaseにかかる強調
　　　　　語句の働きです。

　　　　This is of vital[essential / paramount / supreme]
　　　　　　S　 V　C

　　　　importance.
　　　　「これはとても重要だ」
　　　　※be動詞の後なので, ofから始まる〈前置詞＋名詞〉のカタマリ(句)
　　　　　がCになります。ofと抽象名詞importanceのアイダに挟まれてい
　　　　　るこれらの語は，要するにimportanceを強調しているワードな
　　　　　ので,「大変，とても」くらいに訳しておけばよい。

　　　　This is of no use.「これは有用ではない［役立たない］」
　　　　　　S　 V　C

　　　　※not(副詞)ではありません，no(形容詞)です！ 品詞分解上は,
　　　　　形容詞noが，名詞useにかかっています。

訳 彼は驚くほど簡単にその仕事を終えた。

26

They moved into the house which they bought last month.

【大阪産業大】

They moved into the house (which they bought ● last month).
Ⓢ Ⓥi Ⓜ Ⓜ S′ V′ M′

関・名
○′欠

＋ the house (which they bought) 句 (彼らが購入した)家

the house「家」は，場所を表す名詞です。場所を表す名詞に対して，説明(修飾語＝M)を付け加えるために，(which ...)のカタマリを置いています。「あれ？ 場所の名詞に対してMを付けるときは，whichじゃなくてwhereを使うんじゃなかったっけ…？」という人は大きな誤解です！

▶ **場所の名詞に付く(Mのカタマリ)2パターン**

① **場所の名詞＋(which ... V′ ...)**

名詞が1コ欠落する

(＝S′欠落 or O′欠落 or C′欠落 or 前置詞の目的語の欠落)

(a) the house (which ● has a large kitchen) ← S′欠落
「大きなキッチンをもっている家，大きなキッチンがある家」

(b) the house (which I know ●) ← O′欠落
「私が知っている家」

(c) the house (which I live in ●) ← 前置詞の目的語の欠落
「私が住んでいる家」

盲点！ liveは【完全自動詞】なので，O′は最初から存在しません。動詞の文型から考えたとき，最初から存在しない要素が無くても，「欠落」とは言わないのです。この英文で「liveに対してO′が欠落してまーす」と言ってはいけませんヨ。前置詞とセットになる名詞(＝前置詞の目的語)が欠けているんですね。

※the house「家」＝「場所」だ！ と考える人もいるでしょう。しかし，「家」＝「物」と考える人がいても不思議ではありません。the houseを「物」として捉えた人は，the houseに対してwhichのカタマリをMとして付け加えます。「物」に対するMは

whichのカタマリ，「人」に対するMはwho(m)のカタマリを使うのは英文法の基本知識！ whichを使った場合，カタマリの内側whichより後で名詞が1コ欠落するというポイントが重要です！

② 場所の名詞＋(where ... V´...)

完全な文（＝名詞の欠落なし）

- the house where I kept three dogs
「私が3匹の犬を飼っていた家」
⇒ 「飼う」の keep は SVO で完全な文

- the house where I live
「私が住んでいる家」
⇒ live は完全自動詞。Oなし OK ！ これで完全な文

- the house where the man was killed
「その男が殺された家」
⇒ 受身はOなし OK ！ これで完全な文

※the house「家」＝「場所」と考えて，場所のwhereを使っているパターンが②です。which（関係代名詞）のカタマリ内側は，名詞が1コ欠けた文！ 一方，where（関係副詞）のカタマリ内側は，名詞の欠落ナシ！ 完全な文が来るというポイントをしっかり意識してください。

✚ 本文は，上の①のパターン。bought（元のカタチはbuy）「買った」→「何を？」と考え，Oが欠落しているのではないか？ と気づいてほしいところです。

　ちなみに，last month「先月（に）」は副詞ですから，これをOと考えることはできません。

訳 彼らは，先月購入した家に引っ越した。

For reasons which I could not understand, I felt happier among those people.

【立教大】

関・名
For reasons (which I could not understand ●), I felt happier among
　　Ｍ　　　　Ｍ　　　Ｓ'　　Ｖ'　　　　　　　　　　Ｓ・Ｖ　　Ｃ　　　Ｍ

○欠

those people.

＋ reason「**理由**」に対してＭのカタマリを付けるとき、「理由」だから後ろに来るのはwhy！ と決めつけている人はいませんか？ 実は、書いた人の考え方、捉え方次第で、**reasonに対して大きく2パターンのＭを付けることができるのです。**

▶ **パターン①**

the reason＋(which … V' …)

名詞が1コ欠落する

（＝S'欠落 or O'欠落 or C'欠落 or 前置詞の目的語の欠落）

※reason「理由」は、bookやappleと同じように「物」として考えることもできます。「物」に対してＭ（修飾語句）のカタマリを付けたいとき、which（関係代名詞）を使うことができます。関係代名詞は、左方向のかかる名詞（先行詞）が「人」のときはwho(m)、「物」のときはwhichを使い、先行詞が左方向に無いときに使うのがwhatですね（whatは先行詞をとらない）。関係代名詞のカタマリ内側では、名詞が1コ欠落する、という法則をしっかり意識しましょう。

For some reason (which ● is not understood), the event was
　　Ｍ　　　　　Ｍ　Ｓ'欠　　Ｖ'受　　　　　　Ｓ　　Ｖ受
cancelled.

「理解されていない理由のために［どういうわけだか/なぜだか］、そのイベントは中止された」

※この例文と本文の表現は、理解した上で覚えましょう。ライティ

ングで頻出の表現です！「よくわからないのだが〜した，どうい
うわけだか〜した，なぜだか〜した，いつのまにやら〜していた」
というキモチを表すときに，**For some reason which is not
understood, SV 〜**という表現が一瞬でパッと出てくるように
しましょう。完ペキに理解した上で暗記しておけば，スピーキン
グでも自由自在に使いこなすことができます。

▶ パターン②

the reason＋(why ... V′ ...)

> 完全な文（＝ 名詞の欠落なし）

※reason「理由」に，「理由」の意味をもつ関係副詞whyで始まるM
のカタマリを付けるパターン。whyは，関係代名詞ではありませ
ん（関係副詞です）！ **whyのカタマリ内側は，名詞が欠落すること
はありません，必ず完全な文が後続します。**

- the reason (why he died)「彼が亡くなった理由」
  - → die は【完全自動詞】，SV だけで完全な文とみなす。

- the reason (why he became a doctor)「彼が医者になった理由」
  - → become は be 兄弟。SVC で完全な文

- the reason (why he can speak English)
  「彼が英語を話すことができる理由」
  - → SVO で完全な文

- the reason (why he gave me the book)
  「彼が私に本を与えた理由」
  - → give は SVOO で完全な文

- the reason (why he thought the book interesting)
  「彼がその本を面白いと思った理由」
  - → think「思う」は SVOC 文型をとることができる

✚ felt(feel)は，後ろに【様子・状態】を示すワード（形容詞）を伴い，SVC
文型(be兄弟)になることができます。S feel C「SはCであるように感じ
られる」。

✚ 前置詞among「～の中で」の注意すべき用法。

　①「～に囲まれると，～と付き合うと」

　　（among ... = surrounded by... / having contact with ...）

　　I am relaxed **among** friends.
　　S　V　　C　　　M

　　「友人に囲まれると（友人と付き合っていると）リラックスする」

　②「～の中の1つ，～のうちの1人」

　　（among ... = one of ...）

　　She is **among** the best contemporary designers.
　　 S　V　　C

　　「彼女は現代の最高のデザイナーのうちの1人である」

　　（= She is one of the best contemporary designers.）

訳 なぜか［どういうわけだか］，彼らに囲まれていると，より幸せな気持ちになっ
たものだった。

28

The relationship between words and things is in fact nothing but a convention, the result of common agreement.

【筑波大】

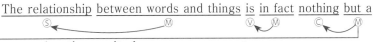

The relationship between words and things is in fact nothing but a
    Ⓢ   Ⓜ   Ⓥ Ⓜ   Ⓒ   Ⓜ

convention, the result of common agreement.
         Ⓜ[同格]   Ⓜ

✛ in fact 句 実際に，実際は

✛ nothing but＋名詞 句 名詞以外の何物にもなりえない，名詞で あるにすぎない

    butは前置詞で「～以外の，～を除いて」，nothingは否定語が付いた名 詞で「何物でもない」と訳します。but名詞は，〈前置詞＋名詞〉＝Mで 形容詞句になり，前のnothingにかかっています。

✛ 言い換え関係を【同格】と呼びます。同格は，品詞分解上はM扱いをします。 conventionは「**因習・慣習**」で，これを，**the result of common agreement**「**万人の合意の結果**」と言い換えているのです。名詞と名 詞の言い換えに注目しましょう。

訳 言葉と物の関係は，実際のところ，習慣，つまり万人が合意したことの結果以 外の何物でもない。

The international conference was likely to be held in February this year, but it was put off for various reasons.

【早稲田大】

The international conference <u>was likely to</u> be held in February this
　　　　Ⓢ　　　　　　　　　　　Ⓥ　受　　　　　Ⓜ　　　　　Ⓜ

year, <u>but</u> it was put off for various reasons.
　　　　Ⓢ　Ⓥ　受　Ⓜ　　　　Ⓜ

✚ S＋*be* **likely to** *do* ...　[句] Sは…する可能性が高い

　　likelyは形容詞と副詞の用法がありますが，本文のようにbeとtoに挟まれた状態で使われたlikelyは，必ず形容詞のlikelyです。be likely toとなった場合，二通りの品詞分解が可能です。

▶ パターン① 【正式な品詞分解】

　　S *be* <u>likely</u> <u>to *do* ...</u>「Sは，…する点で，可能性が高い」
　　　 V　 C　　 M

　　※形容詞likelyは，be動詞の後なので，Cにします。英文の中心はSVCで，文型完成とみなします。to *do* ...の不定詞のカタマリはM（修飾語句）で，likelyにかかっています。「Sは可能性が高い！　と言っても，何をすることにおいて，どういった点でSは可能性が高いのか」の詳しい説明を付け足した部分が，to *do*のM。likelyは形容詞ですから，形容詞にかかるMは副詞。ゆえにこのto *do*は【不定詞の副詞用法】と言われ，「…する点で」と訳すのが基本です。

▶ パターン② 【速読用の品詞分解】

　　S ┃*be* likely to┃ *do* ...「Sは…する 可能性が高い ，Sは… しそう 」
　　　　　助　　　 原

　　※┃*be* likely to┃の3語で，まとめて1つの助動詞のように捉えます。「助動詞なので，後には原形が続き，*be* likely to *do* ...となるんだ」と考えてください。┃*be* likely to┃*do* ...でwill *do* ...のようなイメージです。これは，あくまで捉え方のイメージです。

　　正式には，*be* likely toは助動詞ではありませんし，少しニュアンスが

異なるのでwillに書き換えたりもしません。しかし，*be* likely toを1つの助動詞のように捉えることで，長文の問題では，素早く内容をつかむことができます。

　リーディングの際は，②の考え方を採用し，**ライティングや難易度の高い各種文法問題（間違い探し）では，①の考え方**を採用したほうが，英語の構造を正しく捉えることができる場合もあるかもしれません。

類（*be*とto *do*に挟まれる単語は全て形容詞）

　　be able to *do* ...「…できる」

　　be prone[inclined / disposed / apt] to *do* ...「…する傾向がある」

　　≒*be* liable to *do* ... ←【危険で悪い傾向を表すマイナスイメージ】

　　be wont to *do* ...「…するのを常とする」

　　be bound[compelled / forced / obliged] to *do* ...「…せざるをえない」

　　be willing to *do* ...「…するのは嫌ではない，…するのをいとわない」

　　be free to *do* ...「自由に…する」

　　be ready to *do* ...「…する準備ができている」

　　※これらは，リーディングでは，上記の②のように〈*be*＋形容詞＋toまで〉が1つの助動詞のイメージで，その後に*do* ...【動詞の原形】が続くといった捉え方をすると，スピーディーに内容をキャッチできます。一方，ライティングや文法問題では，①のように，SVC＋〈to *do* ...不定詞の副詞的用法で形容詞にかかるM〉の考え方で品詞分解をしたほうが正確に理解できます。

✚ hold [hóuld]　動 ～を開催する

　holdは通例SVO文型で使われます。本文は，〈be＋held（be動詞＋過去分詞）〉の【受身】になっているため，Oがありません。品詞分解上，**受身は元の文型からOマイナス1**です。be held「開催される」の後にはMしか来ないはずです。

✚ it was put off「それ（国際会議）が，延期された」のitは，the international conference「国際会議」を指します。S put off Oは「Sは，（今の自分から）離れたところにOを置く」が元の意味。

　off「離れたところに」は，一語の副詞で動詞putにかかります。offのコアイメージは【分離】。「離れたところに(off)，Oを置く(put)」は，「Oを遠ざける」と訳してもOK！ イイタイコトは同じですね。

　さらに，「O**を遠ざける**」という意味から発展していき，①「O（要求・

意見など）を**しりぞける**」，②「O（イベントなど）を**先延ばしにする**」，③「O（人の集中力）を**そらす［散らす］**」のような意味をもつこともあります。本文は②の意味です。

　　Turn the TV down. It is putting me off.
　　「テレビの音を小さくしてくれ。集中できないよ」
　　※③の意味。itはテレビを指す。「テレビが私の集中力をそらす」が
　　　元の意味。

　本文は，受身文なのでOがないのですね。

　元の文（能動態）では，「会議の主催者や関係者の人たち（they）が，国際会議を遠ざけた［先延ばしにした］」というSVO文型になっています。

　まずは，元の文の動詞を〈be ＋過去分詞〉「遠ざけられた，先延ばしにされた」に変身させます。

　次に，元の文のOを，受身文の新たなSにしてください。さらに，動詞にかかる一語の副詞offを忘れないように！ 最後に，元の文のSはby 〜（前置詞＋名詞）のMのカタチにして，文末へ置きます。しかしこのMのカタマリは，省略される場合が多いのです。

　　※「品詞分解上，受身にすると，元の文型からOマイナス1」という法則性は確認できましたか？ 元の文はSVOで，書き換えられた受身文を見てみると，文型は〈...S＋V受＋M＋M...〉になっていますね！確かに，受身にすることで，元の文から，Oにあたる要素がなくなってしまいました（＝元の文型からOマイナス1）。
　　　これは，元の文でOだったものが，新たにSとなって生まれ変わり，文頭方向へ移動してしまうので，元々Oがあった場所からは，なくなってしまうわけです。

　　※**by 〜**は，不特定の人物を指すとき，実際の英文では省略される場合が多いですね。今回の英文も，最終的に，中止の決断を行った人物がハッキリわかっていない，または，中止の最終決断をした人物が誰なのかは内部では本当はわかっているが，外部に向けてそれを発表したくない，という場合には省略されてしまいます。

ライティングにおいて大事なポイントなのですが，**最終決定をした責任者が誰なのか，ハッキリわかっている場合には能動態，責任者がわからない場合，また，わかっていてもそれをオープンにしたくない場合は受身文を使う**ことがあります。

　ただ機械的に受身文への書き換えをするのではなく，**"受身を使うときのネイティブのキモチ"** を考えると，英文法がもっと生きた知識としてアタマの中に入ってくるはずです。

訳 その国際会議は今年の2月に開催されるはずだったが，諸般の事情で延期された。

30

The books which are on that list will be difficult to obtain in Japan.

【慶應義塾大】

+ **which**のカタマリ内側では名詞が1コ欠落。本文ではS′欠。are（be動詞）の後にある〈前＋名〉のカタマリ（on that list）をC′として解釈してOK！

+ **difficult**「難しい」という形容詞を見た瞬間に，「**難・易・快・苦の形容詞だ！**」と反応しましょう。「難しい，易しい，快適だ，苦しい」の意味をもつ形容詞は，代表的な以下の2パターンの使い方が存在します。

▶ **パターン①「難易快苦形容詞の仮主語構文」**

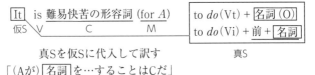

真Sを仮Sに代入して訳す　　　　真S

「（Aが） 名詞 を…することはCだ」

▶ **パターン②「難易快苦の形容詞の非・仮主語構文」**

〔to do ...〕のカタマリ内側の名詞（●）がSとして文頭へ移動

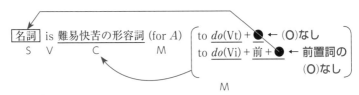

「 名詞 は，（Aが）〔…する点で〕Cだ」

▶ パターン① → ②の変形の方法

(1) パターン①のto *do* ...のカタマリ内側の 名詞 を，パターン②では，新たにSとして文頭に置く。

(2) パターン②では，パターン①で先頭に置かれていた仮主語のitは消去してしまってOK。

(3) パターン①では，仮Sは真Sとイコールの関係。仮Sのitは（代）名詞で，真Sも名詞と考えるため，パターン①のto *do* ...のカタマリ（句）は【不定詞の名詞的用法】。一方，パターン②では，**to** *do* **...のカタマリは，C（形容詞）にかかっているので【不定詞の副詞的用法】**となる。特に，形容詞にかかるto *do* ...は，「…する点で」が基本の訳し方である。

(4) 不定詞の直前のfor *A*は，品詞分解上，〈前置詞＋名詞〉でMの扱いとなる。省略される場合も多い。to *do* ...の左側に置かれたfor *A*は，訳の上では，つまり意味の上では，「Aは，Aが」のように主語っぽく訳す。このfor *A*を【不定詞に対する意味上の主語】と呼ぶ。

〔例〕**パターン①**

It is difficult for him to read this book .
仮S V　C　　M　真S　(Vt)＋(O)

「彼がこの本を読むことは難しい」

パターン②

This book is difficult for him to read●. ← O なし
　S　　V　　C　　M　　M (Vt)

「この本は，彼が読むという点で難しい」

パターン①

It is pleasant to live in the house .
仮S V　C　　真S (Vi) (M)＝前＋名

「その家で暮らすことは快適だ」

パターン②

The house is pleasant to live in ●. ← 前の O なし
　S　　　V　　C　　M (Vi)

「その家は，住むという点で快適だ（住むのに快適だ，住みやすい）」

※リーディングでは，文頭のSを見て，パターン①と②を瞬時に区別しましょう！ **仮Sのitがきていればパターンⓐ，Sが仮主語it**

61 ●

ではなかったら（非・仮主語）パターン②ということになります。また，ライティングでは，「自分が今どちらのパターンで書こうとしているのか」を常に意識することが大切です！

※このカタチで使われる形容詞で頻出のものは，次のような形容詞です。難（difficult / hard / tough），易（easy），快（pleasant），苦（unpleasant）

✚ 本文では，**Sが非仮主語なので，瞬時に上記のパターン②であることがわかりますね**。パターン②ということは，元々不定詞のカタマリ内側にあった名詞がSとなって文頭に出たと考えられるわけです。obtain「〜を入手する」は他動詞（Vt）。本来あった目的語(O)がthe books ...で，これがSとなって文頭に置かれています。

訳 あのリスト上に存在している本は，日本で入手するという点で困難だ［あのリストに掲載されてある本は，日本において入手しにくい（入手困難だ）］。

31

I love him all the more because he has faults.

<u>I</u> <u>love</u> <u>him</u> <u>all</u> <u>the</u> <u>more</u> 〈<u>because</u> <u>he</u> <u>has</u> <u>faults</u>〉.
Ⓢ Ⓥ Ⓞ Ⓜ Ⓜ Ⓜ　Ⓜ　S' V' O'

✛ … all the 比較級 because ～ 　句 ～なので，その分だけよけいに…

このとき，

❶ 比較級の直前のtheは「その分だけ」という意味の一語の副詞(M)
で，比較級にかかる。

❷ theの「その分だけ」の「その」が意味的に指している部分を前
後に探せ！この英文の「その分だけ好きだ」の「その」とは，
because節の内容を指している。

※because節以外の副詞節や副詞句，別の文などの内容を指す場合
もあるので注意！

❸ allは強調の一語副詞。強調語句は特に日本語訳に出ないことがあ
る。また，このallは省略されることも多い。

〈<u>If you get up an hour earlier</u>〉, <u>you</u> <u>will feel</u> [<u>all</u>] <u>the</u> <u>more</u>
　　　　　　　M　　　　　　　　　　S　　V　　　M　M　　C

<u>relaxed</u>.

「1時間早く起きれば，それだけゆったりした気分にひたれますよ」
（『ウィズダム英和辞典』，三省堂）

※relaxedは語尾にedがつき，形容詞化している。more relaxedで
比較級。

※比較級の前にある一語副詞のthe「その分だけ」は，今回は，前方
にあるif節を指しており，「1時間早起きする分だけ」の意味。all
は強調。省略可能です。

訳 彼には欠点があるから，その分だけよけいに好きなのです。

✎ 32

> Among the most common is the inversion, the reversal of the established social order, including social hierarchy and gender roles.

【慶應義塾大】

Among the most common is the inversion, the reversal of the
　　　　　ⓒ　　　　　　　 ⓥ　　 Ⓢ　　　　　　 Ⓜ[同格]　　　　　　 Ⓜ

established social order, including social hierarchy and gender
　　　　　　　　　　　　　　　　　　　　　Ⓜ

roles.

+ amongとthe most commonで〈**前置詞＋名詞**〉のカタマリになっています。〈前置詞＋名詞〉は，MになるかCになるかのいずれかで，Sになることはありません。the most commonは，前置詞 (among) の後なので「**最もよくあるもの**」と名詞っぽく訳してください。amongは「〜の1つ」(＝one of 〜) と訳します。

+ be動詞 (is) を見つけたら，**SVC文型を予想せよ**。ただし，本文は文頭方向にSがないので，「Sが後方へ移動するような語順移動が生じたのではないか？」と考えてほしいところです。SVCの語順移動は，**CSV**または**CVS**です。

　ここで，先頭方向のamongのカタマリ (前置詞＋名詞) をCと考え，isがV，その先にSが来るはずだ！ というのが品詞分解の思考プロセスです。inversionがSで，**CVSの語順移動**になっていることがわかります。

+ inversion [invə́ːrʒən]　名 転倒

　Sが文末に来ている理由は，Sに対して長い説明 (M) が付いているからです。**長い説明が付いた要素は，文末方向へ移動することが多いのです【文末焦点化の法則】**。Among ... is the inversion (C＋V＋S) の部分まで品詞分解ができた瞬間に，「CVSの語順移動が生じているのだから，この後には，the inversion (S) に対する長い説明のM (修飾語句) が続くのではないだろうか」と，先の展開を予測しながら読んでいくことが大事なのです。

+ reversal [rivə́ːrsl]　图 逆転

　〈C＋V＋S〉で完全な文。その先に**カンマ付きの名詞**が来たときは，同格説明のM（言い換え説明のM）と考えましょう。

　本文では語順移動が生じていますから，the inversion（S）に対して何かしらのMが付くはずで，カンマ付き名詞（, **the reversal** ...）の同格説明の部分こそがそのMだと考えられます。

　つまり，the inversionというワードが抽象的で難しいので，この後に言い換え説明のMを付け加えたのです。

+ of ... social orderは「**社会秩序の**」。〈前置詞＋名詞〉＝M。直前の名詞the reversalにかかる形容詞句になっています。

+ established [istǽbliʃt]　形 （世間一般で）すでに確立した

　of（前置詞）とsocial order（名詞「社会秩序」）のアイダに挟まれたestablishedは形容詞扱いで，後の名詞にかかります。

+ including [inklúːdiŋ]　前 ～を含んだ

　元々は分詞でしたが，ほぼ前置詞と考えてよいでしょう。includingの前後（左右）に来る名詞は，抽象と具体の関係で意味上大きくイコールが成り立ちます。読解問題で重要なポイントです。

　A including *B* 「Bを含むA」という場合，**A【抽象】≒B【具体】**の関係があるはずです。A＝social order「社会秩序」と抽象的に，大まかに言っておいて，その後，social hierarchy and gender roles「社会階級や性別の役割」と具体的に言い換えたのです。

訳 最も一般的なものの１つに，「転倒」があり，これは，社会的階層制度や男女の役割を含む，既存の社会秩序の逆転のことである。

✎ **33**

I was leaving the store[I was about to leave the
store / I was on the point of leaving the store],
when a boy spoke to me.

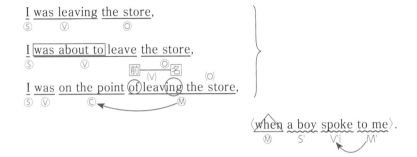

I was leaving the store,
Ⓢ　　Ⓥ　　　　Ⓞ

I was about to leave the store,
Ⓢ　　　Ⓥ　　　　Ⓞ

I was on the point of leaving the store,
Ⓢ Ⓥ　　　　Ⓒ　　　　Ⓜ

⟨when a boy spoke to me⟩.
Ⓜ　　Ｓ'　Ｖ'ｉ　Ｍ'

✚「まさに…していると，そのとき，～した」という構文パターンの特徴。

    be …ing ...
    be about to *do* ...   ⟨when ～⟩
    be on the point of …ing ...

❶「…」と「～」の部分にある意味関係に注意！

  ▶「…」のデキゴトは邪魔が入ってしまい，行為の途中で未達成の状態

    「私が，まさに，店を出ようとしていたら(whenより前の…部分)」
      ⇒ 店を出ようとしていた途中

  ▶「～」のデキゴトは「邪魔・妨害・阻害の要因」を示す

    「そのとき，少年が話しかけてきた(whenより後の～部分)」
      ⇒ 私は，一瞬立ち止まって，話しかけてきた少年に対応しなけ
      ればならないかもしれない。**「私が店を出ようとする」行為**が，
      「少年が話しかけてきた」ことによって邪魔されていますね。
      少年のせいで，私は店から出られません。

❷ whenより前がイントロ【前提】。whenより後がイイタイコト【焦点】

❸ 訳すときは前から訳し下ろして，**「まさに…しようとしていると(そ
のとき・その瞬間)～した」**となる。

❹ when ...の部分を先に訳す癖が付いてしまっている受験生が多い。この構造パターンは，読み下ろさなければ意味不明な訳になってしまうのです。

❺【整序作文】や【和訳(翻訳)問題】でも頻出！

She **was about to take** the taxi **when** she realized that she had forgotten something.

「彼女は，まさに，タクシーに乗りかけたところで，（その時，その瞬間），彼女は，何かを忘れてきたことに気づいた」

※「**タクシーへの乗車**」という行為(whenよりも前の部分)が，「**忘れ物に気づいたこと**(あら！ どうしましょう。大切な書類を家に忘れちゃった。取りにもどろうかしら…)」によって，**邪魔され，妨害されていますね。**

✚ *be* about toでまとめて**助動詞**のように捉えます。後ろには，動詞の原形。aboutのコアイメージは【**周辺**】です。「ある行為の周辺(近く)にいる」が直訳で，最終的に，「**ある行為をすることに近づいている，しかけている，しそうだ**」のように訳します。

✚ *be* on the pointで「ある行為の瞬間(point)の上にいる」が直訳。意訳して「**ある行為をまさにしようとしている**」のようになります。

✚ 知らない少年が突然話しかけてきたのですから，【**不定冠詞**】を使って**a boy**と言っています。「知らない」とは「未定・不定」ということですね。

訳 店を出ようとしていると，少年が話しかけてきた。

34

Convinced I was being told the truth, I decided to lend him my last twenty dollars.

【明治学院大】

```
    ┌[Be(ing)]の略
    │  (受)     (O₂)
• Convinced [↓ I was being told the truth], I decided to lend him my
 [従・接]thatの略┘ S'   V'進行＋受      O₂      Ⓢ      Ⓥ        ◎₁
last twenty dollars.
              ◎₂
```

✚ convince＋O₁＋O₂ 旬 O₁（相手）にO₂（知識・情報）を，完全に与える

　　give型で，Oが2コ来るSVOOパターン（第4文型）になります。特に，O₂の位置には，［従属接続詞thatのカタマリ＝名詞節］が来ることが多い！ちなみに，従属接続詞thatのカタマリ内側の従属節（S' V'...）は，必ず完全な文です。

　　さらに，**従属接続詞thatの省略**に要注意！ 例えば，I think [that he is right]という場合，thatが消える場合が多い。

　　　I think [**that** he is right]
　　　S V　　 O　S' V' C' ← 従属節は完全な文が来る！

　　本文でも，実は，完全な文の前に従属接続詞thatが省略されていたのです。

　　　　　　　　[O'₁なしOK]（受身だから）
　　convinced [**that** I was being told ↓ the truth]
　　　　　　　　 S' V'進行＋受　　　　 O'₂

✚ thatのカタマリの外側にあるconvincedに注目！
　　convinced [**that** 文法上完全な文]（←受身でO₁なしOK）]
　　　　　　　 Ｖ　　 O₂（情報・知識）

　　本来，Oが2コ来るはずのgive型動詞であるconvinceに対して，O₁（相手）がないことに気づきましたか？ 実は**本文のconvincedは受身だったため，直前にbe動詞が隠れており，〈be動詞＋convinced〉（受身）でO₁（相手）が消えた**のです。受身なので元の文型からO（目的語）マイナス1。

　　※convincedを受身にするため，「convincedの前に，何かのbe動詞が

• 68

あったはず！」と考えてください。その消えたbe動詞とは具体的に何でしょうか。"be動詞" といってもいくつか種類がありますね。本文で省略されているのは，to beでも，be（原形）でも，is（時制をもったbe動詞）でもありません。本文の場合，「beingが消えている」としか考えられないのです。

✚ be動詞が消える全てのパターン

(a) [to be が消えていて，それを復元して考えるパターン]

think O ~~to be~~ C（状態）「OをCであると思う」
　　→ 思考系VのSVOC文型
prove ~~to be~~ C（状態）「Cであると判明する」
　　→ SVC文型
seem ~~to be~~ C（状態）「Cであるように思われる」
　　→ SVC文型
※これらの決まった表現のC（状態）の直前に，to beが消えている場合あり。ちなみに本文のconvinceは，SVOC文型もSVC文型もとりません。

(b) [be （原形） が消えていて，それを復元して考えるパターン]

make / have / let＋O＋be 過去分詞「Oが～されるように仕向ける」
　V（使役動詞）　　　　　　　　C
see / hear＋O＋be 過去分詞「Oが～されるのを見る・聞く」
　V（知覚動詞）　　　　　C

※品詞分解上，beを復元して考え，be 過去分詞（文全体ではCにあたる部分）が受身の意味をもっていることを理解しましょう。実際の英文では，letのときはbeを省略せずに残し，let以外では，beを書くことはなく，全て省略します。

(c) [is / am / are / was / were などの時制をもった be 動詞，ま]
　[たは，〈助動詞＋be〉が消えていて，それを復元して考えるパターン]

(c)-1

S is C and[but / or] S ~~is~~ Cにおいて，等位接続詞の後で2回目のisが省略

He is a teacher and his father ~~is~~ a lawyer.
「彼は教師をしており，彼の父は弁護士をしている」

(c)-2

... as ... as ～構文と ... 比較級 ... than ～において，…と～の部分で

<u>同じ時制のbe動詞が使われている ⇒ 2回目のbe動詞は省略</u>

He is older than she ~~is~~ (old).

「彼は，彼女の年齢よりも，年上である」

(c)-3

<u>the比較級構文において，isのみ省略，または，〈S＋be動詞〉の同時</u>
<u>省略</u>

The sooner ~~it is~~, the better ~~it is~~.

「早ければその分だけ良い（itは漠然と状況を指す）」

(c)-4

<u>〜ever系（複合関係詞）の副詞節の内側でmay beの省略</u>

Whatever the reason ~~may be~~, it is wrong to deceive children.

「理由がどんなことであっても，子どもを騙すのは間違いだ」

(c)-5

<u>従属接続詞の内側で〈S＋be動詞〉を同時省略。</u>

When ~~he was~~ young, he belonged to the club.

「彼は若い頃そのクラブに所属していた」

✚ be動詞省略パターン(a)，(b)，(c)のいずれも，本文は当てはまりません。
To be convinced ...でなければ，**Be** convinced ...でもありません。さら
に，**Is** convinced ...でもありません！

　正しくは，**Being** convinced [that ...]で，**文頭に置かれた分詞構文**です。
　特に本文は**受身の分詞構文**で「［〜ということ］を完全に伝えられて」
が直訳。「情報が完全に伝わった」ということは，「その情報を確信して」
や「その情報に納得していて」と意訳してOKです！

　元々convinceはO2コだったのが受身になってOマイナス1。O_1（相手）
が消え，O_2（情報・知識）にあたる［thatのカタマリ＝名詞節］が残って
います。分詞構文のカタマリ（副詞句）の内側にもミクロの文型が存在し
ているのですね。

　本文のように，**文頭でbe動詞の省略が疑われる場合，beingの省略と**
考えてほぼ間違いありません。こういう場面でTo be / Be（原形）/ is（時
制をもったbe動詞）が省略されるのは，珍しいケースだからです（前後に
make / let / haveがある，andがある，比較級がある，whateverがある
……など，上記の(a)〜(c)の例文のようなカタチの上での特徴があるため，
周囲に目線を走らせれば，一瞬でチェックできるはずです）。

✦ 〈is / am / are / was / were＋being＋過去分詞〉は【進行形＋受身】
のパターンで，「～されている真っ最中だ」となります。「～されている」
が【受身】，「真っ最中」が【進行形】の意味。二つが合体したもの。品
詞分解上，【進行形＋受身】は，やはり受身の仲間ですから，元の文型か
らOマイナス1でOK！

　　※tellは「O₁(人)に，O₂(モノコト・知識・情報)を与える［伝える］」で，
　　SVO₁O₂文型を取れるgiveの仲間です。was being told【進行形＋受
　　身】で，Oマイナス1，ゆえに，the truth(事実＝モノコト)＝O₂だけ
　　が残っています。「O₁(相手)は，進行形受身のために，この場所から
　　は消えたんだ」と文法的に完全に説明できました。O₁ナシで品詞分
　　解上OK！　これで完全な文として扱います。

✦ decide to *do* …「…することを決心する」は，［decide to］でまとめて
準助動詞のイメージで捉えてもOK。

✦ lend＋O₁(相手)＋O₂(モノコト)「O₁にO₂を貸し与える，貸してやる」
はgive「与える」の仲間であることを意識しながら覚えましょう。他に
も，buy O₁ O₂「O₁にO₂を買ってあげる」，sing O₁ O₂「O₁にO₂を歌っ
てあげる」など，giveの仲間の動詞は出てくるたびにチェック！

訳 真実をまさに教えられていると納得して，私は彼に最後の 20 ドルを貸すこと
を決心した。

✎ **35**_____

> ## It is beneath you to tell a lie.
> 【早稲田大】

$$\underset{\text{⑤仮 ⓥ}}{\underline{\text{It}} \ \underline{\text{is}} \ \underset{\text{ⓒ}}{\underline{\text{beneath you}}} \ \overset{\text{(V)}}{\text{to}} \ \overset{\text{(O)}}{\underset{\text{⑤真}}{\underline{\text{tell a lie}}}}.}$$

✚ 文頭にitを見たら，後ろに名詞のカタマリを探し，仮S構文を疑ってみましょう。本文は，to *do* ...のカタマリがitよりも後ろにあるので，これを名詞のカタマリ（名詞的用法の不定詞）と考え，itがto *do* ...を指す仮S構文であると理解してください。

　　仮S構文では，仮S（it）に，真S（to *do* ...）のカタマリを代入して訳します。直訳は「それ（嘘をつく行為）は，あなたよりも次元が低い（beneath）ことだ」となります。

✚ 前置詞beneathは，「〜の（真）下で」がコアイメージ。ここから意味が発展し，「（ある行為が）〜よりも次元が下だ，次元の低いことだ」と訳せます。

　　beneath youで，通常は，〈前置詞＋名詞〉＝M，となります。しかし，本文にはis（be動詞）がありますね。**be動詞の後の〈前置詞＋名詞〉はCになることができます**。beneath youは，isに対するCと考えます。

　　なお，beneathという前置詞が出てきたとき，上下関係をしっかり意識してください。まずは品詞分解をした後で，直訳したのちに，「要するに，どっちが上？　どっちが下？」という上下関係について明確化しましょう。

　　直訳は，「嘘をつく行為は，あなたよりも次元が低いことだ」でした。ここから上下関係を明確化してみると，「嘘をつく行為」は，次元が下！「あなた（の人格）」は次元が上！　となりますね。

　　これを意訳すると，

　　　「嘘をつく行為は，あなた自身よりも次元の低い［つまらない］ことで，あなたの人格は，嘘をつく行為よりもっと次元の高いものだ」

となり，これがこの文のイイタイコトです。

　　さらにこれを意訳すると，

　　　「嘘をつくというつまらぬ行為は，あなたのような次元の高い人間よりも，次元の低いことです，嘘をつくことは，あなたのような人にふさわしくありません」

となります。

　最終的には，**It is beneath＋人＋to do ...**「…することは，〜（人・人格）にふさわしくない，〜らしくない」のカタチでマスターしてください。特に，人格やその人の価値観について語るときに使われる表現です。

　　※このとき，前置詞beneathとセットになる名詞（前置詞の目的語）は，「人」を表す（代）名詞がよく置かれます。この代名詞を訳すときに「…の人格」と訳すと，この構文の意味をイメージしやすいでしょう。人称代名詞などは，単に「人」と訳すだけでうまくいかない場合，この訳し方のコツをぜひ使ってみてください。

✚ 本文のbeneathを，**前置詞below**に置き換えることも可能です。belowでも同じように言えますが，beneathのほうがよく使われます。

訳 嘘をつくとは君らしくもない。

✏ 36

He is always complaining about young people today.

【早稲田大】

He is always complaining about young people today.
ⓈＭ ⓋＭ

➕ 〈be動詞＋…ing〉は【進行形】と呼ばれます。実は，進行形が意外な意味をもっている場合があります。

   always / constantly / continually / forever / all the time などの「動作の反復を示す副詞」とセットで用いられた進行形は，「**いつも…ばかりしている**」と訳し，感情的・主観的な意味を表す場合があります。このとき，進行形が「**話者の怒り，いらだち，非難のキモチ**」を表すことが多いのです。

   進行形を理解するときには，単純形と比べてみるとそのニュアンスを捉えやすくなります。下記の例文を比較してみましょう。

比較せよ
> ➤He **always goes away** at weekends. 【現在単純形】
> 「彼は週末いつも出かける」
>   ※彼の外出頻度について調査し，データを取り，客観的にコメントしています。
>
> ➤He **is always going away** at weekends. 【現在進行形】
> 「彼は週末いつも<u>出かけてばかりいる</u>（困ったものだ）」
>   ※これを言った人（話者）は，「彼ってさー，週末になるといつもどこかに出かけているイメージがあるんだけど…」と感じているのです。あくまでも言っている人の**主観的な表現**ですから，本当にそうかはわかりません。いつも出かけてしまう彼に対して，**話者の怒りやいら立ちを進行形で表している**のです。

➕ complainは次の3パターンのカタチでよく用いられます。

  ① <u>complain to 人</u> [<u>that</u> S′ V′…]「人に対して，S′ V′…という不満を言う」
    Ｖ Ｍ Ｏ

   ※〈前＋人〉の部分は，〈前置詞＋名詞〉＝Mなので，省略OK（Mは原則，

郵 便 は が き

料金受入人払郵便

新宿局
承認

1523

差出有効期間
令和3年7月
31日まで切手
をはらずにお
出し下さい。

160-8791

141

(受取人)
東京都新宿区新宿 1-10-3
　　　太田紙興新宿ビル

㈱語学春秋社
　　読者アンケート係 行

‖‖ι‖ιⅡ‖·ᵾ‖ι‖ιⅡⅢ‖‖ι‖ι‖‖ιᵾιᵾιᵾιᵾιᵾιᵾιᵾιᵾ‖

フリガナ				
(お名前)				
(性　別)　男・女	(年齢)	歳		
(ご住所)　〒　　　-				

一般社会人（ご職業）	□TOEIC・TOEFLで（　　）点をクリア
	□英検で（　　　）級を取得している
高校生・高卒生（学校名	高校　　年生・卒）
(志望大学)	大学　　　　　　　　　学部
中学生・小学生（学校名	中学校・小学校　　年生）
(志望校)　　　　　　立	高等学校・中学校

読者アンケート

　弊社の出版物をご購読いただき，まことにありがとうございます。
お寄せいただいたアンケートは，弊社の今後の出版に反映させていただきます。

①ご購入の本のタイトル

ご購入の書店名（　　　　　　　　　）・ネット書店（　　　　　　　）

②本書をお求めになったきっかけは何ですか？

1. 本の（著者・タイトル・内容・価格）がキメ手となった
2. 著者・学校の先生・塾の先生・友人・その他 のすすめ
3. 広告を見て（　　　　　　　　　新聞・雑誌・ネット・テレビ）
4. 小社ホームページ（goshun.com）・Facebookを見て

③本書をご購入してのご感想

本書のカバーデザイン・内容・見やすさ・難易度・価格など，お気づきの点がございましたら，どんな些細なことでも結構ですのでお書きください。また，出版についてのご要望がありましたら，併せてお書きください。

◆語学春秋社ホームページ◆
https://goshun.com
新刊情報や受験情報，また小社の書籍や音声教材を
ご覧いただける上，ご注文もできます。

■このはがきにご記入の個人情報を小社から皆さまへの出版物・サービス等に関するご案内やアンケート等に利用させていただいてよろしいでしょうか？
実名で可・匿名で可・不可

省略自由・移動自由)。①のcomplainはSVO文型で他動詞。thatは従属接続詞で巨大な名詞のカタマリ（名詞節）を作る。このthatがつくる名詞節がcomplainに対するOになっている。

② complain of 名詞 「名詞について不満を言う」
　　Vi　　　M

※ofのコアイメージは【中身・内容】。不満に思っていることの内容についてズバリ語るときにof名詞を用いる。②のcomplainにはOもCもないので，【完全自動詞】のSV文型（第1文型）で用いられていることになる。complainは，thatの名詞節が後に見えた場合は，他動詞でSVOと考え，後にthat節がない場合は，②か，またはこれから説明する③の【完全自動詞】の用法になる。

③ complain about 名詞 「名詞にまつわることであれこれ文句を言う」
　　Vi　　　　M

※aboutのコアイメージは【周辺】。「何かの問題について，問題そのものにとどまらず，その問題のすぐ近くに存在しているような，その問題に関連する周辺事項について，あれこれと文句を言う」といったイメージ。"周囲・周辺についてあれこれ"というのが，aboutがもつイメージです。この③の用法のときも，【完全自動詞】であることに注意！

✚ young people today 「現代の若者たち，昨今の若者たち，今どきの若者たち」は頻出表現！

類 young people of today / today's young people / young people these days / the youth of today / today's youth

---

訳 彼は，現代の若者についていつも不満ばかり言っている。

/ **37** _____

> We contend that not only are children capable
> of developing their own methods for completing
> school mathematics tasks but that each child
> has to construct his or her own mathematical
> knowledge.

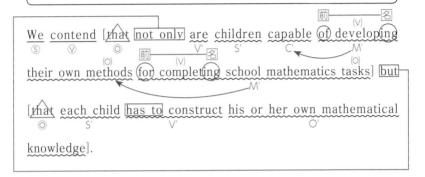

+ **contend that S′ V′...**「…と強く主張する」を超カンタンに捉えれば，文型上はsay that S′ V′...と同じです。

+ **not only ... but (also) ~**「…だけでなく，~もまた」の注意点は，
  　　① 節の先頭にnot onlyが置かれると，「…」部分が倒置語順になる（倒置語順とは，疑問文と同じ語順のこと），
  　　② alsoは省略されることが多い。
  　　本文は従属接続詞のthatの後から従属節がスタート。従属節の先頭にnot onlyが来ているため倒置語順になり，元はchildren are capableだったものがare children capableと変化する（be動詞のareを，主語よりも前に置けば，疑問文の語順，すなわち，倒置語順の出来上がり）。
  　　疑問文のような語順になっているが，日本語にするときは，元の文（肯定文）のように訳してよい。

+ **S+be capable of ...ing**「Sは，…することについて能力を有している」が直訳。「Sは…できる」と意訳してOK。S + *be* capable **to do** ...はマチ

ガイ！

✤ method for …は「…のための手段」。本文は「…」の位置にingの名詞のカタマリ（動名詞）が来ている。

✤ ingにもツッコミを入れろ！ ミクロ文型あり！ completing「〜を完成させること，終わらせること」→「何を？」→ completing school mathematics tasksで，completingが(V)，tasksが(O)の関係でつながっていることを意識しましょう！「作業を終わらせる（こと）」と訳します。

✤ his or her own mathematical knowledge　句 それぞれの子ども自身がもつ数学的知識

〈his or her + 名詞〉は，〈every + 名詞〉や〈each + 名詞〉の内容を指す場合によく使われます（hisとherは所有格）。本文では，each childを指しています。またownを付けると，この所有格が強調されるために，「〜自身の，〜自身が持つ」という意味になります。

訳 子どもは，学校の数学の課題を終わらせるための彼ら自身の方法を作り上げていくことが可能だ，ということだけではなく，それぞれの子どもが，彼ら自身の数学的知識を構築していかなければならないということもまた，我々は強く主張している。

38

Fundamental to the existence of science is a body of established facts which come either from observation of nature in the raw, so to speak, or from experiment.

【京都大】

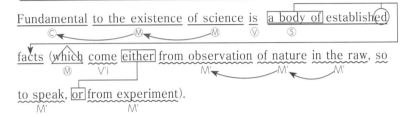

+ Fundamental ... is a body of established facts ...で，CVSという文構造がつかめたかどうかがポイント。文頭を見た瞬間，「形容詞しかないので，Sになれるような名詞がない」と判断し，「CVSの語順移動が起きているのではないか？」と予測を立て，後ろ（右方向）に，Sになれそうな名詞を探し始める…という品詞分解のプロセスをマスターしましょう。

　　「おいしいよ，これ。（食べてごらん）」
　　　　　C　　　　S

　話し言葉【口語】では，形容詞をまず最初に言うことがあります。何かを食べて「おいしい！」という感動（アタマに浮かんだ思い）が，瞬間的に，最初に口をついて出てくるのです（p.21参照）。「評価・驚愕・感動・恐怖etcを表すワード」（品詞分解でCにあたる部分）は，アタマの中でまず強烈にイメージされ，それが文頭でパッと出てくるわけです（上記例文の「おいしい」）。

　そして，「何が（S）」にあたる情報は，Cよりも後に置かれます。このときbe動詞なんて，ほぼどうだっていい（最悪聞こえなくても意味がわかる）のです。「おいしいよ（C），これ（S）」でも相手に伝わりますね。ですから，be動詞は，情報価値が低く，置く場所は，あまり重要ではないのです。

以上より，

　　C（評価・驚愕・感動・恐怖のワード）が，まず先頭にくる

　　　　　　　　　　　　　　⇩

　　S（何が？にあたる情報）は，Cよりも後方へ

　　　　　　　　　　　　　　⇩

　　V（be動詞兄弟）は，Cより後なら，どこでもいい。

　　　　　　　　　　　　　　⇩

　　ゆえに，C＋S＋VかC＋V＋Sという語順移動が起こる。
　　【「とにかくCが先頭。SとVは，Cよりも後へ」の語順移動パターン】

✚ 今回の【語順移動パターン】は，話し言葉【口語】のアタマの働きが書き言葉【文語】に影響し，いわゆる第2文型の通常の語順（SVC）を破壊して起きたものです。英米人は，話すように書く。つまり，**英語という言語は，「話し言葉」と「書き言葉」が，きわめて近い**（あくまでも日本語に比べて）のです。

　ですから，しゃべるときのアタマの働かせ方が，英語を書くときにも影響し，こういった語順移動が生まれるのです。

　英語に比べ，日本語は話し言葉と書き言葉が遠い……【口語】と【文語】は全く違います。違いすぎて困っちゃうので，二葉亭四迷による"言文一致運動"（話し言葉と書き言葉を近づけよう，一致させよう）のようなことが起こるわけです。こういう運動が必要なくらいに，日本語は，元々【口語】と【文語】が乖離（かいり）しているのです。

✚ **fundamental** [fʌ̀ndəméntl] 　形 基礎の，根本の

　形容詞は，文中で3つの働き〔①名詞にかかる，②Cになる，③being を補って分詞（構文）のMのカタマリになる〕のどれかになります。本文は②のパターンです。ちなみに，形容詞は，単独ではSにはなれません。

✚ **to the existence of science** 　句 科学の存在にとって

　上記のように訳してもよいのですが，ofを"隠れたS（意味上のS）"のように捉えて（主格のof），「科学が存在することにとって」と訳しても構いません。of scienceは，表面的には単なる〈前置詞＋名詞〉＝Mですが，ここに隠れた主語を読み取り「科学が」と訳します。名詞existence「存在」を動詞exist「存在する」に変換して訳出する［名詞（N）⇒ 動詞（V）変形］と，イキイキとした日本語になります。

＋ a body of ［名詞］「一団の［一連の］［名詞］」は，訳出上は1つの形容詞
の扱い。

　　　a body of ［名詞］「一団の［一連の］［名詞］」

　　訳出上，〈名詞＋of〉が1つの形容詞になって後ろの名詞にかかるパター
ンはある程度決まっていますので，整理して覚えてしまいましょう。
　　大きく分けて3パターンあります。本文のa body ofは③のパターンで
す。

　　① a lot of型（数量の名詞＋of ［名詞］）「たくさんの ［名詞］」

　　② a kind of型（種類の名詞＋of ［名詞］）「一種の ［名詞］」

　　③ a set of型（「ツナガリ・まとまり」の名詞＋of ［名詞］）
　　　「一連の ［名詞］」

＋ established facts ［句］ 既定事実

　　establishedは語尾にedがついた形容詞です。元々他動詞〈establish
＋O〉「Oを築き上げる」が，受身になり（Oがなくなる），be established
「築き上げられた」となります。
　　さらにbeを削除して，establishedを一語の形容詞として使っているの
が本文です。語尾にedがついた，元々は受身のニュアンスを持っていた
形容詞になっています。形容詞establishedは「築き上げられた状態の
＝すでに出来上がった＝既定の，既存の」と訳せばOK。

＋ Sに長いMが付く場合，Sが文末へ移動することがあります。「文末には，
なるべく長いもの（重要なもの）を置く」という【文末焦点化の法則】に
より，語順移動が生じることがあるのです。
　　「SVCの語順移動は，話し言葉のマインドの影響を受けてCが文頭に来
る」という話をしました。SVCの語順移動は，CSVとCVSの2パターンあ
るのですが，このうち，本文では，CVSのパターンが選択されています。
これは，【文末焦点化の法則】にもとづき，今回は，CSVよりも，CVS
のほうがよい，と筆者が判断したからでしょう。
　　確かに，本文では，a body of established factsというSに対して，と
ても長いMのカタマリ（which ...）が付いていますね。長いMが付いたSは，
文末方向へ！
　　こういった語順移動は，あくまで，筆者の任意（筆者のキモチ次第）です。

【任意倒置】といい,【強制的倒置】ではないので,書いた人の気分によって,倒置したりしなかったり,ということです。「倒置したほうが,私のこの感動をより強く読者にアピールできるかな,よしCを文頭へ出そう!」,または「長い要素は,文末に置くほうが,英語の生理・心理に合っていて読みやすいだろうから,長いMが付いたSは文末方向へ動かそう」というキモチで,読者のために語順移動をしてくれたのです。

+ so to speak   句 いわば

まとめて一語のM(副詞),元々は,to speak so「そのように言うならば」が直訳(to *do*の不定詞はifっぽく訳す場合あり)。soが先頭に出て慣用化したフレーズ。

訳 科学の存在にとって,基礎的であるのは,いわば,ありのままの自然の観察か,または実験から引き出された一連の既定事実である。

39

> He goes to school.

He goes to school.
(S) (Vi) (M)

+ **【現在単純形】のコアイメージ**は，「昨日（過去）も，今日（今）も，これから（未来）も，特別なことがない限り，繰り返し，一定期間継続する行為」です。
　　「彼は，昨日も学校へ行っていた，今日も学校へ行っている，明日も学校へ行くことになるだろう（河合塾の自習室はほぼ毎日開いています），特別なことがない限り（突然の進路変更で大学受験をやめ，河合塾もやめてしまうetcということがない限り），一定期間継続する（河合塾の高卒生は少なくとも10か月間はこういった毎日をひたすら繰り返します）」というのが，本文のgoesが表す意味なのです。

+ 「しっかりとカタチが捉えられるもの（＝物理的・空間的・具体的なもの）は，数えられ，冠詞が付く」というのは，基礎的な考え方です。ところが，本文のschoolには，冠詞が付いていません。
　　実は，このときのschoolは，「しっかりとしたカタチが捉えられないもの」，つまり，「schoolが象徴的に表す，教育を受けることを中心とした学校生活全般」のことを指すのです。「学校生活全般を，1つ，2つ，3つ…」と横に並べて数えたりしませんね。**数えられない，漠然とした，抽象的なもの**（概念的なもの）を指すschoolなので，冠詞が付かないのです。

+ school「学校」に次のような文脈が与えられれば，冠詞が付きます。例えば，河合塾千種校舎の廊下のガラスが割れてしまい，ガラス交換を依頼された業者の人が，「えーと，千種区今池2丁目だから…このあたりかな？」と，地図を見ながら学校（河合塾の校舎）へ向かいます。このときは冠詞が付きthe schoolとなります。
　　これは，愛知県名古屋市千種区今池2-●-▲という，校舎が建っている具体的な位置関係や空間に，関心が向かっているわけです。「**ある場所に位置する学校の校舎（建物）**」という【物理的・空間的】なものをイメージしているときにも，冠詞が付きます（このとき，「愛知県内には4つの予備校が存在する」のように可算名詞扱いになる）。
　　ちなみに，このガラス交換の業者さんは，「schoolが象徴的に表す，

教育を受けることを中心とした学校生活全般」に対しては関心がないはずです。業者さんは授業を受けたりしませんからね。彼の関心事は，依頼された時間通りに目的地に着き，ガラス交換を遂行することです。「河合塾の校舎って初めて行くけど，この住所であってるのかな？」(【物理的・空間的】な意味での「学校」)ということが最大の関心事なのです。

類 She is still in **hospital**.「彼女はいまだ入院中です」

　※冠詞が付いていないhospitalは，「(宿泊しながらの)集中的治療行為全般」を指す。hospitalが象徴する抽象的なものを意味するので冠詞なし。

類 She waited for me in front of <u>the</u> **hospital**.
　「彼女はその病院の前で私を待っていた」

　※彼女と私の待ち合わせ場所としての「病院の建物の前で」と言っている。つまり，<u>空間的な意味で使われるので，空間的・物理的・具体的な意味なので冠詞が付く</u>。

訳 彼は学校に通っている［彼は学生だ］。

40

> The beauty myth, while as old as male supremacy, is, in its modern form, a fairy recent invention.
>
> 【早稲田大】

The beauty myth, ⟨while as old as male supremacy⟩, is, in its
(S)　　　　　(M) M′　 C′　　　　　 M′　　　 (V) (M)

modern form, a fairy recent invention.
　　　　　　　　(C)

+ myth [míθ]　图 神話，根拠のない考え，ウソ話

+ while as old as male supremacyでは，従属接続詞whileのカタマリ（副詞節）の内側で，S′とbe動詞が同時に省略されています。**主節のSと従属節のS′が同じとき，従属節の〈S′＋be動詞〉が同時に省略可能**というルールがあるのです。

　　while ~~the beauty myth is~~ as old as male supremacy
　　　　　　　 S′　　 V′　　　 C′

+ male supremacy　句 男性が優れているという考え（＝男性優位説）

+ a fairy recent invention　句 かなり最近にねつ造されたもの

inventは「（科学的な）発明をする」ではなく，「**（理由・話・説を）でっちあげる**」の意味。

　　All the gossip about the President was pure **invention**.
　　「大統領についての全てのゴシップは，完全に**ねつ造されたもの**であった」

+ 本文は，早大教育学部で出題された文章の第1段落の第1文であり，この英文の最終文も同じ内容の繰り返しになっています（最初と最後に同内容を反復する長文の論旨展開パターン＝サンドイッチ型文章）。

　　以下はその最終文ですが，第1文とほぼ同じことを言っているだけですね。

　　Most of our assumptions about the way women have always thought about the beauty date from no earlier than the 1830s.

「美についての女性の考え方についての我々の仮説のほとんどは，
　　やっと1830年代から始まるのだ」
　長文問題で本当に時間がないときに，最初の1文と最後の1文を先に読
んでしまい，論旨をつかむ，という方法も，試しに使ってみてもいいか
もしれません（あまりこういったテクニックに頼りすぎるのも良くないの
ですが，知っていて損はないでしょう）。

訳 美にまつわる神話は，男性優位説と同じくらい古いものだが，現代の形式にお
いては，ごく最近につくられたものである。

41

> # The problem remains to be solved.
> 【早稲田大】

$$\underset{\text{ⓈＳ}}{\underline{\text{The problem}}} \;\; \underset{\text{Ⓥi}}{\underline{\text{remains}}} \; \underset{}{\text{Ⓣ}} \; \underset{\text{Ⓜ}}{\underline{\overset{\text{(V)}}{\text{be}} \; \overset{\text{(受)}}{\text{solved}}}}.$$

✚ remainの使い方は，次の2つのいずれか。

① 「(Sが)残っている」＝存在の意味【完全自動詞】＝SVi（第1文型）

② 「(Sは)Cのままである」＝be動詞の仲間＝SVC（第2文型）

本文は②の用法で分析します。直訳は，「その問題が，これから解決されるために［今後，解決されるべく］残っている」となります。

✚ 不定詞のtoは，【到達】でこれから向かうイメージ。「これから，今後，将来的に，解決されるために（解決されるべく）」という意味です。不定詞副詞的用法で，Mのカタマリとして，remain(Vi)にかかっています。「今後解決される」ということは，「現時点では，いまだ，解決されていない」と言っても同じことですね。したがって，**S remain to be 過去分詞「S は，いまだ～されずに，残っている」**となります。

✚ この英文の言い換え（パラフレーズ）はリーディングで頻出の表現です！

We **have yet to solve** the problem.

おなじみの表現have to *do* ...に注目。「…しなくてはいけない」ってことは，「**現時点では，いまだ…できていない**」**と言い換えても同じこと**です。

例えば「宿題を終わらせなければいけない」という人は「現時点で，いまだ，宿題が終わっていない」ということになりますね。**have to *do* ...の意外な訳し方（少し否定的な訳し方）**に注意しましょう！

さらに，「いまだ～できていない」というキモチをもっと強くアピールするために，**yet**を挿入しています。yetは，**通常は否定文で用いられ，【未達成】を表す一語の副詞**の働き。have to *do* ...は，正式な否定文ではありませんが，**意味上はかなり否定文に近いので**，このようにyetを用いることができるのです。

訳 その問題は，いまだ**解決されていない**［いまだ**解決されずに残っている**］。

42

Much of the character can be guessed from the manner in which a man or a woman opens a door or enters a room.

Much of the character can be guessed from the manner (in which
 S   M   V   受   M   M

a man or a woman opens a door or enters a room).
 S'   S'   V'   O'   V'   O'

+ much [mʌ́tʃ]　图 多くのこと，大半

+ character [kǽrəktər]　图 性格，人格

+ guess [gés]　動 〜を推測する

　　本文は受身でOがありません。品詞分解上，厳密に言えば「受身」ですが，日本語訳の際だけ，**能動態にかえて訳したほうが自然な日本語になることが多いのです【態変換解釈】。**

+ 「S′ V′ …する方法」の表し方4パターン（完全文が後続する場合）

　　❶ the manner[way / fashion] + (in which S′ V′ …)

　　❷ the manner[way / fashion] + (that　　　S′ V′ …)

　　❸ the manner[way / fashion] + (　　　　　S′ V′ …)

　　❹ the manner[way / fashion] + [how S′ V′ …] ← 先行詞を強制省略

　　※ ❷のthatは，❶のin which【前置詞＋関係代名詞】を書き換えたもので，関係副詞のthatです。英語のセカイの基本法則として，〈**前置詞＋名詞**〉＝副詞ですから，〈**前置詞＋関係代名詞**〉＝関係副詞ということになります。

　　※❶〜❹まで，S′ V′ …の部分は，原則完全な文が来ます。

　　※❹は，先行詞を強制的に消去し，howのカタマリが名詞節になります。❶〜❸は，全て左方向の名詞（＝先行詞）にかかる形容詞節です。

訳 人格の大半は，男でも女でも，ドアの開け方や部屋への入り方から推測することができる。

43

I will **tell** them **about** something that they ought to do which they have not done **yet**.

【信州大】

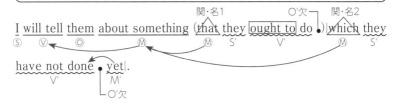

＋ tellは原則Oが2コの**SVO₁O₂文型**のgive型。「O₁（相手）にO₂（情報・知識）を伝える［教える，知らせる，伝授する］」という意味をもちます。

　　しかし，tellに対して〈**about＋名詞**〉（前置詞＋名詞＝M）が付く場合，tellはOが1コのSVO文型で使われ（文型が変わってしまう），〈**tell＋O（相手）＋about＋名詞**〉となることがあります。

　　aboutのコアイメージは【**周辺**】です。あるテーマについて，周辺的な事項を含めて，幅広く，ボンヤリとした話をする，といった感じになります。

　　〈tell＋O₁（相手）＋O₂（情報・知識）〉【give型のSVOO文型】のときのように，「シッカリとした内容のある情報を相手にキッチリ伝えきる」というニュアンスはなくなってしまうのです。

　　〈tell O about＋名詞〉の構造パターンでは，aboutのニュアンスが強く出て，漠然とした幅広い話について触れる程度なので，tellを「内容をしっかり伝えた」のように訳すのではなく，「**〜に関してあれこれ話した，〜について触れた**」くらいのニュアンスで訳すほうがよいでしょう。

＋ 関係代名詞二重制限（2つの関係代名詞のカタマリが，1つの先行詞にかかっているパターン）

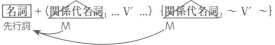

　　「（…する中で）｛〜する｝ 名詞 」
　　※（前方のMのカタマリ）の方が，より広い（限定範囲が広い・大まかな）内容です。

｛後方のMのカタマリ｝の力が，より狭い（限定範囲が狭い・詳
しい）内容です。

　　　英語は，「**抽象的な（大まかな）情報から，具体的な（詳しい）情報
へ**」，という順番で書かれることが多いのです。2つのMの順番も，
英語の法則性にかなっているわけです。

　　※この関係代名詞二重制限の構造パターンでは，**関・名₁を省略可能**
　　（関・名₂は省略できない）。

✚ yetは，否定文，あるいは否定的なニュアンスを隠し持つ表現とセット
になり（共起して），**【未達成】**を表し，「**いまだ**」と訳します。このよう
なyetの例としては，**have yet to** *do* ...「**いまだ…していない**」という
表現があります（p.86参照）。

　　※have to *do* ...「（これから）…しなくてはいけない（＝現状では，まだ
　　　〜できていない）」という表現は，実はその内部に否定的なニュアン
　　　スを隠し持つのです。これに副詞yetを挿入するとhave **yet** to *do* ...
　　　となり，**【未達成】**の意味を強くアピールする構文になります。

訳 彼らが行うべきことの中で，彼らがいまだ行っていないことについて，あれこ
れ言ってやろう。

44

I will show you how to throw a rugby ball.

I will show you $\boxed{\text{how to}}$ throw a rugby ball.
S   V   ◎₁   (V)   (O)   ◎₂

✚ willは【Sの意志】を示し，「～してやるぞ」の意味。

✚ showはOを2コとり，SVO₁O₂文型になることができます。「Sは，相手(O₁)に，視覚的な情報(O₂)を与える(V)」が直訳。意訳して，「**SはO₁にO₂を見せてあげる，教えてやる**」となります。give「与える」の仲間なので，showはOが2コ来ます。

✚ how to throw a rugby ballは「どのようにラグビーボールを投げるのか」が直訳。意訳して「**…の投げ方**」となる。**疑問詞が左方向に付いた不定詞は，必ず名詞的用法（名詞のカタマリ）になり**，文中で，S，O，C，前置詞の目的語，のいずれかの働きをします。

    ❶ what to *do* ...「何を…するか」
    ❷ which to *do* ...「どれを…するか」
    ❸ where to *do* ...「どこで…するか」
    ❹ when to *do* ...「いつ…するか」
    ❺ how to *do* ...「どのように…するか」
    ❻ what + 名詞 + to *do* ...「どんな 名詞 を…するか」
    ❼ which + 名詞 + to *do* ...「どの 名詞 を…するか」
    ❽ how and why to *do* ...「どうやって，さらに，なぜ…するか」
    ※❻と❼の〈【疑問形容詞(what / which)】＋名詞＋to *do* ...〉のパターンに注意！ whatとwhichは，直後の名詞にかかります。意味的には，❶と❷をより詳しく具体化した言い方が❻と❼ということになります。

        ❶ what to get「何を入手するか」
          ⇩（**具体化**）
        ❻ what book to get「どんな本を入手するか」

    ※whyを単独で使ってwhy to *do* ...という言い方はできません（❽のようにhowとセットで使うのはOK）。

✚「しっかりとしたカタチを捉えられる」場合,【冠詞】を付けるのが原則です(もちろんこれで全ての現象が説明できるわけではありませんが)。しっかりとしたカタチがあるからこそ,1コ,2コ,3コ…と横に並べて数えることができるのです。

a[an]は【不定冠詞】,theは【定冠詞】です。例えば「太郎君が所有しているラグビーボール」ならば特定化されるので,the rugby ball(またはhis rugby ball)です。本文では特定化されていないので,“**定まらない冠詞＝不定冠詞**”を用います。

訳 僕が君にラグビーボールの投げ方を教えてあげましょう。

45

> **I teach English.**

I <u>teach</u> English.
ⓈＶ　　　　Ⓞ

✚ 本文の動詞 **teach** は, 現在進行形 (I am teaching) ではなく, 現在完了形 (I have taught) でもない, 最もシンプルな現在形, つまり【現在単純形】です。

　【現在単純形】の意味は「**昨日 (過去) も, 今日 (現在) も, 明日 (未来) も, 特別なことが起きない限り, 繰り返し, 続くこと**」です。

　例えば, 私 (登木) は, 河合塾講師として英語を教えています。昨日も授業で英語を教えていたし, 今日も英語を教えています。急に台風のため休校日になってしまう, あるいは, ある日突然クビを通告される……などといった突発的なことが起きない限りは, 明日も英語を教えているでしょう。

　つまり, **予備校講師である私にとって, 英語を教えることは一定期間, 繰り返し続くこと**ですね。ですから【現在単純形】でよいのです。

　本文の I teach English. は【現在単純形】で, 現在の「職業」を表しており, I am an English teacher. (＝I am a teacher of English.) とほぼ同じ意味を表していることになります。

✚ 【現在単純形】は「昨日 (過去) も, 今日 (現在) も, 明日 (未来) も, 特別なことが起きない限り, 繰り返し続くこと」という意味ですから, ここから, **現在を中心に一定期間繰り返され, 持続する「ある人の現在の習慣・職業」,「人や物の現在も繰り返される習性」,「自然科学・社会科学の現在も通用する法則性」,「現在もあてはまる, 人生についての教訓, ことわざ」**なども, 【単純現在形】を使って表します。

〔例〕He **jogs** every morning. 「彼は毎朝ジョギングをしている」

　　　※**人の習慣**。every morning「毎朝」や usually, generally「いつも」, habitually「習慣的に」などの目印が周囲にあれば, 習慣化し, 一定期間繰り返し行われていることがわかります。

The earth goes around the sun.「地球は太陽の周りを回っている」
   S   Vi   M

   ※自然科学の法則。「まわっている（～シテイル）」という日本語
   の音にダマされて【現在進行形】にしないこと！

Bad money drives out good.「悪い貨幣は良い貨幣を締め出す（悪
   S   V   M   O   貨は良貨を駆逐する）」

   ※社会科学（経済学）の法則

Good medicine tastes bitter to the mouth.
   S   Vbe   C   M

「良薬は口にとって苦い味がする（良薬口に苦し）」
   ※人生の教訓・ことわざ

✛ 本文を【現在進行形】にするとどんな意味になるでしょうか？ 【現在進行形】の意味は，「**今まさに［今だけ］，～している真っ最中**」です。

　例えば，午前10時に，私の携帯に電話がかかってきました。そのとき私は，たまたまポケットに携帯電話を入れたまま講義をしていました（ふだんはそんなことはしませんが，ついウッカリです）。

　最初のうちは電話を無視するのですが，電話はその後何度でもかかってきます。何か緊急の用件かもしれません。私は，何回目かの電話で，ついに出ることにします。生徒に一言告げて，私は急いで教室から廊下に出ます。

　すると，電話の相手が話してきます。

　　　相手：登木先生のお電話ですか？ お世話になっております。○○銀
　　　　　　行の△△です。今ちょっとお時間よろしいですか？

　　　登木：ごめんなさい，今はちょっと無理です……。**今まさに講義の
　　　　　　真っ最中なんです**（I am teaching English now）。授業の
　　　　　　真っ最中だから，ホントは電話に出るのもダメなんですよ。
　　　　　　昼休みに，こちらからかけ直します！

　赤字部分のようなニュアンス（キモチ）で使われるのが【現在進行形】です。

訳 私は英語を教えています［英語の教師です］。

93 ●

✎ 46

> **Those rich men are great who don't think themselves great.**
>
> 【法政大】

Those rich men are great (who ⦁ don't think themselves great).
  Ⓜ Ⓢ   Ⓥ Ⓒ   Ⓜ   V′   O′   C′
                        └ S′欠

➕ that[those]＋名詞＋(Mのカタマリ)

このときの**that[those]**は指示性ゼロ。前出の名詞を指しているわけではありません。「その，あの」といった訳をしないこと！

このときのthat[those]は，「**これより先に，形容詞的Mのカタマリが後続しますよ！**」と，この先の構造を予告してくれる働きをもち，さらに，「**後続する形容詞的Mのカタマリが，この名詞にかかりますよ！**」と教えてくれる働きをもつ，一種の記号のようなもの【冗語（じょうご）】です。教科書では，【先行詞明示のthat[those]】と呼ばれています。

➕ think O Cの構造。「思う」系の動詞は，次のいずれかになります。本文は**❷**のパターンです。

❶ 後に**that S′ V′ ～**が来れば ⇒ **SVO文型**

❷ 後に〈**名詞＋様子状態ワード**〉が来れば ⇒ **SVOC文型**

❸ 〈**S＋think**〉で**ワンワード**（まとめて一語）の**副詞**になり，〈in my opinion〉と等しい。「Sの考えでは，Sが考えるように，Sが考えていることだが」のように訳します。完全な文が成立しているところに，後から〈S＋think〉が挿入句として割り込んできた，というイメージで捉えます。

特に，関係代名詞の直後に挿入されたパターンに注意（英文No.18の【連鎖関係代名詞】を再チェック）。

❹ S `be thought to` *do* ...「Sが，～すると（他者に，世間に）思われている」は，`be thought to` でワンワード。3語でまとめて一語の助動詞のように捉えます。この*be thought to*は，【他者からの推定】の意味を表す準助動詞のように理解しましょう。

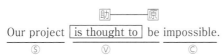

Our project [is thought to] be impossible.

　　　　Ⓢ　　　　　Ⓥ　　　　　　Ⓒ

「我々の計画は(他者に, 世間に)不可能であると思われている」

❺ 上記4パターンでうまくいかない場合(構造が成立しない, あるいは, 意味［訳］がヘン)⇒ SVi文型

訳 自身のことを偉大だと思わない裕福な人々は偉大だ。

47

A bronze statue stands at the entrance of the building.

【明治学院大】

A bronze statue stands at the entrance of the building.
ⓈＳ　　　　　Ⓥi　　　　Ⓜ　　　　　　Ⓜ
　　　　　　[存在]

➕ 「立っている」は「～シテイル」という意味だから, is standing【進行形】を使うのではないか? と考えた人はいませんか。こういった考え方はダメですよ!

　「Ｓ(建物・像など)が立っている」という意味で使われる**stand**は【状態動詞】で, 原則的に, 進行形にはできません。ですから, 「ブロンズ製の像が立っている」と言いたいときに, 進行形を使ってA bronze statue is standing ...とするのは間違いなのです。

　では, どうすればいいか? 現在進行形でもなく, 現在完了形でもなく, もっともシンプルな現在形, つまり【現在単純形】を用いて, A bronze statue **stands** ...と表現すればいいのです。

　※【現在単純形】のコアイメージは「**昨日も, 今日も, これからも, 特別なことが起きない限り続くこと**」でしたね。「ブロンズ像は, 昨日入り口を通ったときにも立っていたし, 今朝来たときにも立っていたし, 今この瞬間も立っている。おそらく明日も, ブロンズ像は立っているだろう。突然隕石が落ちてきて像が倒れるとか, 泥棒に盗まれて姿を消してしまう…といったような特別なことが起きない限りは」ということです。

➕ think や stand は【状態動詞】です!【状態動詞】とは, 「突発的なことが起きない限りは, 一定の期間ある状態が持続し, 自分の意志によって, その場で・瞬間的に・簡単に, 始めたり・やめたり・再開したりできない動詞」のことをいいます。

　次の❶〜❹は全て【状態動詞】なので, 原則, 進行形にはできません。「～(シ)テイル」だから, 進行形だ! というのはマチガイです!「～(シ)テイル」の日本語にダマされないように!

　❶「私は, 神の存在を信じている」

※「有神論か無神論か」,「特定の宗教を信仰している（**believe**）か していないか」……こういったことは，その場で瞬間的に始めたり終えたりできません。その場でコロコロ考えを変えてしまうならば，それは「信仰している」ということにはなりませんね。

何か突発的なこと（例えば，週刊誌やニュースで教祖の不倫スキャンダルが突然暴露され，一夜にして信仰心が吹き飛んでしまった）が起きない限り，個人差はあれど，**信仰とは，その本人の心の中で，ある一定期間継続・持続する問題なのです。**こういったときのbelieveは【状態動詞】で，原則進行形にしません。

❷「私は，自民党が戦後の日本をリードしてきたと考え**ている**」

※ある人の政治信条も，瞬間的に始まったり終わったりしない，コロコロ変わったりしない問題です。そもそも，ある一定期間，持続・継続する考えを「信条」と言うのです。

S（人）＋think that S′ V′ ...「**Sは…と考えている**」というのは，ある人の思想・信条を表しています。思想・信条は，突発的なことが起こらない限りは，多少の差はあれど，**一定期間継続・持続する問題**ですから，【状態動詞】として捉えられます。ゆえに，原則，進行形にすることはありません。

しかし，同じthinkを使った表現でも，S（人）＋think about＋ 名詞 「名詞（テーマ）についてあれこれ考える，思いを巡らす」という場合は，【動作動詞】として捉えられるため進行形にするのはOKです。

例えば，深夜に1人で机に向かって勉強をしていると，集中力が途切れることもあるでしょう。ふと "合格後の卒業旅行についてあれこれ思いを巡らす" なんてことがあるかもしれません。「予算はいくらかな，友達は誰を誘おうかな，行先は沖縄かな，海外もいいな」……こういった問題についてあれこれ思いを巡らしていると，「おお！ いかん，俺はいったい何をしているのだ。妄想はここまでにしよう。気合を入れ直して，明日のテストのためにあと30分だけ頑張ろう。日本史の年号を復習だぁ！」と再び勉強に戻る……こんなことがあるかもしれません。

つまり「あれこれ思いを巡らす」行為を，自分の意志で（気合を入れ直して），瞬間的にやめることができていますね（妄想を断ち切って，もう一度勉強に戻っています）。**自分の意志で瞬間的にや**

めることができる場合は，状態動詞ではなく【動作動詞】ということになるのです。

- S (人) + think that S′ V′ ...「Sは…と考えている」
  ※S (人)が一定期間もっている思想・信条 ⇒【状態動詞】
  ⇒ 進行形ダメ！

- S (人) + think about + 名詞
  「Sは 名詞 (テーマ)について，あれこれ思いを巡らす」
  ※瞬間的に自分の意志でやめることができる ⇒【動作動詞】
  ⇒ 進行形OK！

❸「私は，父に顔が似ている」

※「私の顔は，母親よりも，父親似だな(resemble)」という場合は【状態動詞】です。「顔が誰かに似ている」という状況を，自分の意志で即座にやめることはできませんね。

S＋resemble＋O「SがOに似ている」は，一定期間持続継続することなので【状態動詞】と考えます。進行形は原則ダメ！

❹「スカイツリーが立っている」

※スカイツリーやビルなどの建築物が立っている，という場合，【状態動詞】です。スカイツリーに意志があって，そのときのキモチで，立つことをやめたりするなんて，おかしいですね。「S(建築物)が，立っている」という文脈で使われるstandは【状態動詞】で，原則，進行形はダメ！

一方で，「S(人)が，駅前の広場で立っている」という場合に使われるstandは【動作動詞】なので，進行形OKです。例えば，友達との待ち合わせのとき，駅前広場で，すぐにわかるように立って待っていたのに，待ち合わせ時間を過ぎても，友達が来ない……疲れてきたから座って少し休もう(＝立つことをやめる)，ということはありえますね。

つまり，その場で，S(人)の意志・キモチで，立ったり，座ったり(＝立つことをやめたり)できるので，この場合は【動作動詞】で進行形OKです！

訳 ブロンズの像が，ビルの入り口のところに立っている。

48

There is a girl at the door (who) wants to see you.

There is a girl at the door (who ● wants to see you).
Ⓥi Ⓢ Ⓜ Ⓜ — S′欠 V′ O′

✛ **関係代名詞の省略は，通常，目的格関係代名詞の場合**です。目的格関係代
名詞とは，カタマリ内側でO′が欠落している場合，もしくは，前置詞
とセットになる名詞（前置詞の目的語）が欠落している場合のどちらかで
使われている関係代名詞のことです。

She is the person (~~whom~~ I respect ●). ← 関・名㊜OK
S V C M S′ V′ O′欠 （私が尊敬する）人

This is the house (~~which~~ I told you about ●). ← 関・名㊜OK
S V C M S′ V′ O′ 前 名欠 （私が君に話した）家

She is the person (who ● respects my father). ← 関・名㊜ダメ！
S V C M S′欠 V′ O′ （私の父を尊敬する）人

⇒ S′欠落なので，これは**主格の関係代名詞**。省略はできない。

▶ **例外的に主格関係代名詞の省略が認められる場合**

❶ This is the largest room (~~that~~ there is ● in the building).
S V C M V′i S′欠 M′

「これは，（このビルに存在する中で）最も大きい部屋です」

❷ I met a person (~~who~~ ⟨I thought⟩ ● was a teacher).
S V O M M′(挿入句) S′欠 V′ C′

「私は，教師であると私が思っていた人物に会った」

※**主格の関係代名詞でも例外的に省略できるのは，以下の3パターン。**
(1) 本文（見出しの英文）のように，関係代名詞より左側（主節）に，
there is[here is]がある。
(2) 例文❶のように，関係代名詞より右側（従属節）に，there
is[here is]がある。
(3) 例文❷のように，関係代名詞の直後に，S think[say]（思考発
言動詞）の挿入句が入っている【＝連鎖関係代名詞】。

―――――――――――――――――――――――――――――――――

訳 ドアのところに，あなたに会いたがっている少女がいます。

49

> The girl usually drinks orange juice, but now she is drinking green tea.
>
> 【岐阜大】

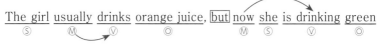

The girl <u>usually</u> <u>drinks</u> <u>orange juice</u>, [but] <u>now</u> <u>she</u> <u>is drinking</u> <u>green tea</u>.
(S)　(M)　(V)　　(O)　　　　(M)　(S)　(V)　　(O)

✛ **The girl usually drinks**の部分に注目！【現在単純形】が使われています。

現在進行形（is[am / are] + …ing）でも現在完了形（have[has] + 過去分詞）でもない，もっともシンプルな現在形が，【現在単純形】です。

一方，後半では，**she is drinking**と【現在進行形】が用いられています。

この英文は英文法の頻出パターンで，「**ふだん（いつも）は，…する。しかし，今は（ふだんと違って，今だけ）〜している**」というカタチでマスターしてください。「…」の部分は【現在単純形】，〜の部分は【現在進行形】をそれぞれ用います。

✛ 動作動詞の【現在単純形】は，「**昨日も（過去も），今日も（現在も），これからも（未来も），特別なことが生じない限り，変わらずに，繰り返されること**」を表します。

皆さんの中にも，朝食のメニューがある程度決まっている人がいるでしょう。朝は和食派で，必ず，ごはんとみそ汁とか。そういう人は，おそらく，昨日もごはんとみそ汁，今日もごはんとみそ汁，明日もごはんとみそ汁……ですよね。炊飯ジャーが突然故障してごはんが炊けなかったとか，たまたま味噌を切らしていてみそ汁がなかったとか，そういった特別なことが起きない限りは，この朝食メニューは，変わらずに，繰り返されることですよね。こういったときに【現在単純形】を用います。

本文の**the girl**（女の子）は，いつもは（ふだんは）オレンジジュースを飲んでいるようです。本文にちゃんと目印が付いていますね。**usually**に注目！ **usually**は，「**習慣化していて，特別なことがない限りは繰り返される**」ということを意味しています。ですから前半では【現在単純形】を使い

• 100

ます。

+ usually [júːʒuəli] 副 ふつうは，いつもは

usually以外にも，「習慣化していて，特別なことがない限り繰り返されること」を表す目印になるワードがありますから，まとめて覚えておきましょう

類 generally「通例，たいてい」/ habitually「習慣的に，いつも」/ customarily「習慣的に」/ routinely「ルーティーンになっていて，ふだん，いつも，習慣で」/ regularly「レギュラー化して，習慣的に」/ typically「典型的に，たいてい」/ conventionally「習慣的に」/ ordinarily「ふつうは，ふだんは」/ normally「ふつうは」

+ 【進行形】には，「**ふだんと違って，今だけ，〜の行動をとっている**」という意味があります。**進行形の盲点となるポイント**です。特に，本文のように，【現在単純形】と対比的に用いられるパターン（本文ではbutがあり対比になっている）に注意しましょう！

なお，特別にbe動詞を動作動詞のように考え，進行形にすることができます。「be動詞の進行形なんて初めて知った！」という人はぜひ覚えておいてください。カタチは，〈S＋is[am / are] being＋形容詞〉となり「Sは，ふだんと違って，今だけ，〜の行動をとっている」というのが直訳です。

You **are being kind** to me today.

「（ふだんと違って）あなたは，今日だけ親切な行動をとっていますね」
→ 直訳

=「いつもと違って，今日，あなたはやけに私に親切にしてくれるわね」→ 意訳

訳 その少女は，ふだんはオレンジジュースを飲んでいるが，今は［今だけ］緑茶を飲んでいる。

50

Only to a certain amount of what he sees and hears will he respond strongly. ※ he は「芸術家」を指す。

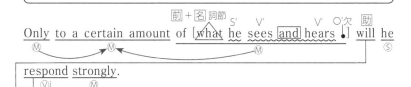

Only to a certain amount of [what he sees and hears .] will he respond strongly.

✚ まず，左方向に，Sになれそうな名詞を探します。onlyはM（副詞），to … amountもM（前置詞to＋名詞amount），of [what S′ V′●] もM（前置詞of＋[whatの名詞節]）です。

　　つまり，**左方向に，文全体のS【主節のS】になれるような，前置詞がつかない名詞が存在しません！⇒ この英文のSは右方向へ移動 ⇒ 倒置が起こっている**のです！

　　文頭に副詞onlyや否定の副詞が来ると，強制的に，倒置（＝疑問文の語順）になります。

　　本文では，he will respondが倒置して，will he respondとなっているのです。助動詞（will）を前に出せば，疑問文の語順，すなわち倒置になります。倒置であっても，肯定文のように訳出します。

　　S will respond to 名詞 .「Sは 名詞 に対して反応するものだ」

　　S will respond only to 名詞 .「Sは 名詞 に対してのみ反応するものだ」

　　Only to 名詞 will S respond.「 名詞 に対してのみ，Sは反応するものだ」
　　　　　　　（この部分で倒置）

✚ **respond** [rispάːnd]　**動** 反応する

　　【完全自動詞】で，OもCもナシで，SVだけで英文の中心が成立。「**働く・作用する**」の意味をもつ動詞（**work，act**など）は，**【完全自動詞】**になりやすいという傾向があります。また，こういったワードの反意語も同じ文型をとることがあります。

「働く・作用する」の反対の，「反作用する」の意味をもつ動詞も，【完全自動詞】になりやすいのです。

　act「作用する」の反対語は**react**や**respond**「**反作用する，反応する，返答する**」で，両方とも【**完全自動詞**】です。

訳 見たり聞いたりしたものの中の一定量に対してのみ，芸術家は強く反応するものだ。

51

> Powerless in the face of modern mechanical and social forces, we have reached a point in history where knowledge and tools intended originally to serve man can destroy now.

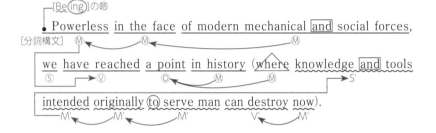

- ＋ **powerless** [páuərləs] 形 無力な

  単語の最後が-lessとなっている ⇒ 形容詞 であることの印！

  ▶ 形容詞の働き

  ❶ Cになる

  ❷ 名詞にかかるMになる

  ❸ beingを補ってMのカタマリ，すなわち，分詞（構文）になる

  本文では，powerlessの前にbe動詞がないのでCにできません（❶の可能性はない）。また，powerlessがかかることができる名詞が直前にも直後にもありません（❷の可能性もない）。したがって，❸のパターンしかありません。

  実は，(Being) powerless ...「無力になって」という，beingが省略された分詞構文だったのです。

- ＋ **a point ... (where ～ V′ ～)** 句 （～する）点

  whereは場所の関係副詞で，内側従属節には完全な文が来ます。

- ＋ 名詞 ＋(**being intended**) ...〈**to do ～**〉 句 〈～するように〉（意図された）名詞

本文ではbeingが省略されています。intendedは形容詞的なMとして，名詞にかかっています。

✚ intendedとcan destroyでは，**can destroyが本物のV′です。whereの** **カタマリ内側はV′1コ！**
　　関係詞，従属接続詞などの従属節の内側では，原則V′1コです（節の内側でV′ and V′のように等位接続詞を使い，動詞をつないであれば，V′の数を初めて増加させることができます）。こういったルールを**【動詞の数の法則（ブイ数の法則）】**と呼びます。
　　助動詞が付いているほうが本物のV′になれるので，can destroyがV′です。
　　次の❶～❽は，英文中で優先的に本物のV（主節のVか従属節のV′）になります！　1つの従属節の内側に，andもないのにVが2コあるように見えたら，実はどちらかがニセモノ（単なるM）で，どちらかが本物のVですから，この**【本物V発見の優先法則】**を使ってください！
　　❶ is　❷ am　❸ are　❹ was　❺ were
　　❻ 完了形全般(have[has / had]＋過去去分詞)
　　❼ 助動詞＋原形　❽ 三単現のsつき動詞

✚ originally（＝initially≒at first）は，「はじめのうちは…（しかし，後になって～）」の意味。**【時間の対比】**を示すワードです。（　　）部分のオチを予測しましょう！「…」と「～」の内容は逆の意味になります。「はじめのうちは人間に奉仕**【⊕イメージ】**，しかし今や人間を脅かす**【⊖イメージ】**」という関係に注目しましょう。

訳　我々は，現代の機械の力や社会の力に直面して，無力となってしまい，元々人間に奉仕するために意図されていた知識や道具が，今や人間を脅かす可能性がある，歴史上の地点に到達している。

✎ **52**

> She went away without word, an act
> unimaginable for her age.

[主節全体への同格]

She went away without word, an act unimaginable for her age.
Ⓢ　Ⓥi　Ⓜ　　　Ⓜ　　　Ⓜ　　　Ⓜ　　　　　Ⓜ

➕ She wentでSVi, wentは「移動」の【完全自動詞】。SVだけで文型完成。
それ以外はすべてMと考えます。

➕ an actは, a[an]が付いているから名詞と判断できます。名詞は通常M
になりませんが, 例外が3つあります。

　❶ beingを補って分詞(構文)のMのカタマリになる
　❷ 同格(言い換え)のMになる
　❸ 副詞的目的格のVにかかるMになる
　　(todayやyesterdayなどの時間の名詞, this wayなどの方法の名詞
　　が, Mになるパターンあり)

本文は,

　❶とすると……

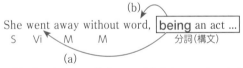

She went away without word, │ being an act … │
S　　Vi　　M　　　M　　　　　　分詞(構文)

(a)「行動になって, 彼女は, 言葉なしで, 去った」
(b)「行動である言葉なしで, 彼女は, 去った」
⇒ どちらも意味不明。❶の可能性はなし。

　❸の可能性もありません。an act ...は, 時間の名詞でも方法の名詞で
もありませんから, 副詞的目的格になれませんね。❸になれるものは,
時間や方法の名詞などある程度決まっているのです。

　したがって, ❷の同格(言い換え)になります。しかし, 本文は**名詞と
名詞の言い換えではありません**。word「言葉」とan act「行動」では,
意味上言い換えが成立しているとは言い難いですね。

　本文は, **主節全体に対する言い換え**になっているのです【**文全体に対**

する同格】。

I left the lengthy letter unanswered, the only thing to do.
Ⓢ Ⓥ ⓞ ⓒ Ⓜ[同格] Ⓜ

主節全体への同格

「私は，その長ったらしい手紙を返信されないままにしておいた。それが(私の)すべき唯一のことであった」

✚ **for her age**は「**彼女の年齢の割には**」。for 〜「〜の割には」は頻出！

〔例〕She looks young **for** her age.
「年齢の割には，彼女は若く見える」

訳 彼女は黙って立ち去った。それは，彼女の年齢にしては，思いもよらぬ行いだった。

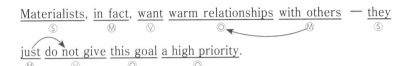

53

Materialists, in fact, want warm relationships with others — they just do not give this goal a high priority.

【慶應義塾大】

Materialists, in fact, want warm relationships with others — they
　S　　　　　M　　V　　　　　◎　　　　　　　M　　　　S
just do not give this goal a high priority.
　M　　V　　　◎₁　　　◎₂

+ **materialist** [mətíəriəlist]　名 物質主義者

+ **warm relationship**　句 温かい（人間）関係

+ **just ... not ...**（＝simply ... not ...）　句 全く…ない
　【完全否定】の表現です。語順が変わり，not just ...やnot simply ...となると「…だけではなく」（＝not only ...）の意味になるので注意！

+ giveを見た瞬間，SVO₁O₂，または，SVOを予測！ 本文は，giveの後に名詞が2コ来ていることに注目し，SVO₁O₂で攻めてみる。このとき，「O₁＝人間」と暗記しているとマズイ！
　O₁は，物を与える【相手】と覚えるべきです。【相手】の部分には人間が来ることが多いのですが，100％人間と決めつけてしまうのはダメです。本文は，this goal「この目標」がO₁になっています。

+ **give＋相手＋a high priority**は「相手に，高い優先順位を与える」が直訳。これでマチガイではありませんが，この場合，**a high priority**の名詞（O₂）部分をVっぽく訳し，giveの「与える」という訳はカットすると，より意味がハッキリ捉えられます。本文では，最終的に「**相手を優先する**」と訳しています。名詞［Noun］を動詞［Verb］に変形して訳出する【NV変形解釈】に注目！
　英語は，日本語に比べて「名詞中心の言語」なのです。英文中の名詞（特に抽象名詞）の中に，Vの意味を読み取っていく【名詞からの事態抽出の原理】ことで，より英文のイイタイコトを深く理解できるのです。

類 give＋相手＋a **tight** hug 「相手を**ぎゅっく** 抱きしめる」

give＋相手＋a **full** explanation 「相手に**十分に** 説明する」

give＋相手＋an **unfair** advantage 「相手を**不当に** 優遇する」

　※ 名詞(O₂) 部分からVの意味を読み取る。giveの「与える」はカット！　**形容詞**は，副詞に変形して訳すとよい。

訳 実際は，物質主義者も温かい他者との人間関係を望んでいるのだが，こういった人間関係を優先すること（この目標に高い優先順位を与えること）がまったくできないでいるのです。

54

> When Charles Darwin's The Origin of Species
> dawned upon the world, it aroused no such
> immediate furor in the United States as it did in
> England.

⟨When Charles Darwin's The Origin of Species dawned upon the
world⟩, it aroused no such immediate furor in the United States ⟨as
it did ● in England⟩.

+ dawn [dɔ́ːn] 图 夜明け，あけぼの，(物事・考え・現象の)始まり・発生・
初め・黎明期
　　　　　　 動 夜が明ける，(物事・考え・感情などが)芽生える，現れ
始める，思い浮かぶ

　dawnは，元々の直接的意味(直接的・物理学的意味)では，「夜が明け
る」という意味です。

　　The day dawned. ＝ The morning dawned. 「夜が明けた」
　　　※The night dawned. とは言わないので注意！

　ここから，意味が間接的意味(比喩的・抽象的意味)へと広がっていき
ます。「夜明け」とは「一日の始まり・スタート」のことですね。このイメー
ジから，dawnには，「(物事・考え・現象の)始まり」のような意味が出
てくるのです。本文はこれを動詞で(OもCもないので完全自動詞)使って
いるのです。

　　It **dawned** on me that I was mistaken.
　　「私は間違っているという考えが芽生えた」
　　＝「私は間違っているということがわかってきた」
　　※itは，従属接続詞thatがつくるカタマリ(名詞節)を指し，仮S構文
　　になっています。dawnは，完全自動詞で使われており，後に〈on
　　＋名詞〉は〈前置詞＋名詞〉でM。onは【接触・密着】で，It

●110

dawned on me ...は「S（考え・感情）が生まれて，私にくっついた（私にとりついた）」が直訳。「S（考え・感情）が私にとりついた」という内容を「感情を私が抱くようになった」とか「考えが私にとって理解できるようになった」のように意訳しているのです。

✚ Charles Darwin's The Origin of Species dawned upon the worldは，「チャールズ・ダーウィンの『種の起源（考え）』という全く新しい考えが始まって（生じて），世界（の人々）にくっついた・とりついた」が直訳です。

　「そういった考えが，世界の人々にくっつき，世界の人々によって理解できるものとなった（世界中がそういった考えを抱く・もつようになった）」のように意訳することができます。種の起源という考えが，世界の人々の心の中やアタマの中にとりついてしまったわけです。

✚ it aroused ...は「それ（種の起源）は，…を引き起こした」。arouse-aroused-aroused「…を引き起こす」でSVO文型で用います。

　よく似ていますが，arise-arose-arisen「（問題・危機・機会）が生じる」はSV文型の【完全自動詞】で用います。文型が全く違うので注意！

✚ such ...（as ～ V′ ～）　句 ～のような…

　suchは形容詞で，「…」の部分に来る名詞にかかります。このときsuch自体は訳さずに，as ～のカタマリ「～ほどに」を強く訳します。

　such ... as ～のときのasの役割は，以下の3パターンです。ただし，①，②，③の分類については，あまり厳密にやりすぎないように。①～③のどれでも解釈できるという場合もあります。要するにここは，意味がつかめればOKです。

　　① カタマリ内側で名詞が1コ欠落した不完全な文
　　　⇒ as は関係代名詞の扱い
　　② asのカタマリ内側で完全な文
　　　⇒ as は従属接続詞の扱い
　　（ただし主節と同じ形をしていると省略が起きる）
　　③ asの後に文のカタチではなく名詞があるだけ
　　　⇒ as は前置詞の扱い
　　本文は①の用法です。

✚ asの後は，it did in Englandとなっています。it「それが」は「種の起源が」

という意味。代動詞のdid「そうした」は，直前のarousedを指します。

✚ furor [fjúərər]　名 **大騒動**

✚ 本文全体の直訳は，「（英国において，種の起源が，即座の大きな騒動を，引き起こしたほどには），アメリカにおいて，種の起源が，即座の大きな騒動を，引き起こすことはなかった」となります。

訳 チャールズ・ダーウィンの「種の起源」という考えが世界に広まり始めたとき，アメリカにおいては，それは英国においてほど大きな騒動をすぐに引きおこすことはなかった。

55

> # Who do you think assassinated President Kennedy?
>
> 【法政大】

Who 〈do you think〉 . assassinated President Kennedy?
ⓢ　　ⓜ［挿入句］　　　　　ⓥ　　　　　ⓞ

✚【連鎖疑問詞】の構造パターン

「連鎖」とは，直後に〈do you think〉の挿入があるもので，これで1つの副詞句（ワンフレーズ副詞）のように捉えます。

なお，この挿入句では，thinkがconsider[imagine / expect / suppose]に変身する場合があります！

連鎖疑問○○詞の，○○のネーミングは，「疑問詞が，主節においてどのような働きをしているか」を表しています。

❶ 連鎖疑問代名詞

疑問代名詞よりも後で，〈do you think〉の挿入句（副詞）をいったん飛ばして考え，… V …の部分で名詞が1コ欠落しているように見えます。

この欠落した名詞が，連鎖疑問代名詞に変身し，文頭に移動した，と考えます。

Who[What / Which] + 〈do you think〉 + 　　… V … ?

> 名詞が1コ欠落したように見える

「誰［何 / どれ］が［に，を］…V…と〈あなたは思いますか〉」

❷ 連鎖疑問形容詞

疑問形容詞は直後の名詞にかかります。名詞にかかるのは形容詞！ゆえに「疑問形容詞」と呼ばれているのです。〈疑問形容詞 + 名詞〉はくっついているので，この2つを離さないようにしましょう。並べ替え作文において頻出！〈疑問形容詞 + 名詞〉よりも後で，〈do you think〉の挿入句（副詞）をいったん飛ばして考えると，… V …の部分で名詞が1コ欠落しているように見えるはずです。元々… V …の部分にあった名詞が，疑問形容詞の直後に移動した，と考えてください。

What[Which] + 名詞 + 〈do you think〉 + ... V ... ?

名詞が 1 コ欠落したように見える

「どんな名詞［どの名詞］が［に，を］…V…すると〈あなたは思いますか〉」

❸ 連鎖疑問副詞

疑問副詞よりも後で，〈do you think〉の挿入句（副詞）をいったん飛ばして考えると，... V ...の部分で，「名詞の欠落なしの完全な文」になっています。副詞という要素は，品詞分解上，名詞の過不足（＝完全文か不完全文か？の判断）に一切影響しないので，疑問副詞が使われていることによって，後で名詞が欠けたりすることはないのです。

When[Where / Why / How] + 〈do you think〉 + ... V ... ?

欠落なしの完全な文

「いつ［どこで / なぜ / どのように］…V…すると〈あなたは思いますか〉」

類例

Who 〈do you think〉 ● will come to the party? 【連鎖疑問代名詞】
　S　　　M　　　S欠　　Vi　　　　M

「誰が，パーティに参加すると思いますか」

What 〈do you think〉 he wants ●? 【連鎖疑問代名詞】
　O　　　M　　　S　　V　O欠

「何を，彼が望んでいると思いますか」

What book 〈do you think〉 he wants ●? 【連鎖疑問形容詞】
　形　O　　　M　　　S　V　O欠

「どんな本を，彼が望んでいると思いますか」

Where 〈do you suppose〉 he wants to meet you? 【連鎖疑問副詞】
　副　　　　M　　　S　V　　　O

「どこで，彼があなたに会いたがっていると思いますか」

✚ 本文では，疑問代名詞whoの直後に〈do you think〉の挿入句が入っているので，連鎖疑問代名詞の構造パターンを意識しましょう。品詞分解上は，この挿入句をいったん飛ばして考えてみます。whoよりも後で，挿入句

を飛ばすと，

    ● assassinated President Kennedy?
    S欠　　　V　　　　　　　　○

という構造が見えてきます。

つまり，S欠（主語欠落＝名詞1コ欠落）になっているのです。この欠落したS（主語）は，意味上は「人間」でしょう。assassinated「（**人間が**）〜を殺す」のです。

ですから，このS欠を補うような疑問代名詞を考えてください。

そう！「人間」でSを補う疑問代名詞は**who**ですね。同じ疑問代名詞でも，「物」を表すwhatは，本文では意味上ダメ。また，whomは，Oを補う働き（目的格）だから，品詞分解上，欠落部分が合致していないのでダメです！

訳 誰がケネディ大統領を暗殺したと思いますか。

56

He said nothing, which fact made her angry.

【同志社大】

関·形
He said nothing, (which fact made her angry).
Ⓢ Ⓥ Ⓞ   Ⓜ S′ V′ O′ C′

✚ 関係（代）○○詞の，○○の部分のネーミングは，「**カタマリ内側の働き**」
を表します。特に，**関係代名詞と関係形容詞の違い**をしっかり理解しま
しょう！

　　関係代名詞 （which, what, who, whom, that）

▶ カタマリ内側で名詞の働き

カタマリ内側で，関係代名詞より後の部分で，名詞が1コ欠落してお
り（不完全な文），その欠けた名詞を，関係代名詞が意味上補ってい
るイメージ。

He said nothing, (**which ●** made me angry).
S V   O   M S′欠 V′ O′ C′

「彼は何も言わなかった。**そういったことが**私を怒らせた」

※カタマリ内側で，whichよりも後方で，S′が欠落しています（名
詞が1コ欠けた不完全な文になっている）。主格の関係代名詞
whichが，欠けたS′（主語＝名詞）を，品詞分解上補い，文の
バランスを保つという働きをしています。

※カタマリ内側で，欠けた名詞を補う働き ⇒ このwhichは関係
代名詞！

※カンマ付きwhich**【非制限用法】**は，前文の内容を指すことが
でき，「そういったこと」と訳します。またこのとき，関係詞
のカタマリは訳し下ろすとわかりやすい日本語になる。

He tried to open the door, (**which** he found ● impossible).
S V   O′   M S′ V′ O′欠 C′

「彼はドアを開けようとした。だが，**そういったことを**不可能だと
わかった」

※カタマリ内側で，whichよりも後方で，O′が欠落している（名
詞が1コ欠けた不完全な文になっている）。目的格の関係代名

詞whichが，欠けたO′（目的語＝名詞）を，品詞分解上補い，文のバランスを保つという働きをしています。

※カンマ付きwhich【非制限用法】は，前文の内容を指すことができ「そういったこと」と訳します。またこのとき，主節と関係詞のカタマリの意味関係が対立的になっている（逆接関係の）場合，「だが，しかし」のつなぎ言葉を補って訳すとよい。

[関係形容詞 （which, what）]

▶ カタマリ内側で形容詞の働き

カタマリ内側で，関係形容詞が，直後にある名詞にかかる（「名詞にかかる」のは形容詞）。関係形容詞のカタマリ内側は，完全な文！

He said that he didn't support the President,

[完全文]

(which opinion surprised us).
　　　　　 S′　　　V′　　　O′

「彼は大統領を支持しないと言った。そういった意見は我々を驚かせた」⇒ whichは主節のthat節の内容を指している！

※カンマ付きwhich【非制限用法】は2つのポイントをアピールして訳す。

❶ 意味上，主節の内容を指すという点
❷ カタマリ内側で，直後の名詞にかかっているという点

この2つのポイントをアピールして，〈which＋直後の名詞〉を「そういった（ような）名詞」「そんな名詞」と訳す。またこのとき，関係詞のカタマリは，主節から従属節へと，左から右へ訳すとわかりやすい日本語になります。

訳 彼は何も言わなかった。そういった事実が彼女を怒らせた。

57

> He escaped being run over by a car.

He escaped being run over by a car.
(S) (V) (V)(受) ◎ (M)

✚ to _do_【積極性】とing【消極性】の対比に注目！

| to _do_ （不定詞）のコアイメージ |

▶「人間の意識・精神・関心あるいは肉体が，行為（do）へ向かう（to）」。
人間の意識が行為へ向かうことから，実際に，その行為に対して積極的に，具体的に働きかけようとするイメージをもちます。

  hope to _do_ ...「これから…しよう，…したい」
   = expect to _do_ ... = want to _do_ ...

  decide to _do_ ...「…を実行しようと決心する」
   = determine to _do_ ...
   ≒ promise to _do_ ...「…しようと約束する」
   ≒ manage to _do_ ...「…をなんとかして実行しようとする」

| …ing （動名詞）のコアイメージ |

▶ 不定詞とちょうど逆。行為から遠ざかるイメージ,消極性を表します。

  suggest …ing「…することを控えめに提案する」
   ※suggestがもつ「控えめに」のニュアンスに注目。消極性を示す…ingと相性が良い。

  escape …ing＝avoid …ing「…することを避ける」
   ※「…を避ける」は，「…から遠ざかる」に等しい。遠ざかるイメージは…ingである。

  mind …ing「…することを嫌がる，気にする」
   ※mindがもつ「嫌がる」のニュアンスに注意。「…を嫌がる」は「…から遠ざかる」と同じ。遠ざかるイメージは…ingである。

  admit …ing「…することをしぶしぶ認める」
   ※admitがもつ「しぶしぶ」＝「いやいや」のニュアンスに注目。【消極性】が感じられる。

✚ 本文は**escape**なので，後ろの…ing〔動名詞〕を O として使います。特に注意すべき点は，「車によってひかれる」立場ですから，**being＋過去分詞**【受身の動名詞】「…**されること**」というカタチにしてください。

✚ 〈**by＋移動〔交通〕手段**〉**のときは，無冠詞の名詞が来る**(by taxi / by train / by busなど)のが原則です(p.28参照)。しかし，本文に登場する車は，主語のHe(彼)にとって【移動〔交通〕手段】ではありません。

　He(彼)は，この車にひかれそうになったわけですから，この車はHe以外の誰か(他者)が運転していたのでしょう。たとえ誰か他の人にとって交通手段であったとしても，S(主語)にとって移動手段ではないときは，冠詞(a[an] / the)を付けるのです。

訳 彼は車にひかれることを避けた［免れた］(＝彼は車にひかれなかった)。

58

Remember to close the windows before you go out. / I will remember meeting you for the first time.

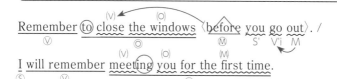

✚ 〈V＋to *do*〉と〈V＋…ing〉の相対的なニュアンスの違い

「"自分のこれからの用事・すべき任務"を覚えている［忘れない］」のときは，remember to do ...を使います。

「これからの用事やすべき任務（例えば外出時に窓を閉めよう）」というのは，意識・関心が向かっていくこれからのデキゴトと言えますよね。

一方，「過去の思い出や，過ぎ去ったこと（遠いセカイのこと）を覚えている［忘れない］」のときは，remember …ingを使います。

V＋to *do*

コアイメージ：**行為（do）への到達（to）**

❶ 意識・関心が向かっていくこれからのデキゴト
  ⇒「**積極性**」を示すことがある。

❷ まだ手を付けていない未知のデキゴト
  ⇒ 逆に言えば，手を伸ばそうとすればすぐに手に届く，**実行性の高いデキゴト**。

V＋…ing ～

❶ 意識，または，肉体がすでに（何回も）通り過ぎたデキゴト
  ⇒ 話し手の意識の中では，通過した後の，すでに確定した［終わった］デキゴトになり（＝**既成事実化**），そのデキゴトを実行するかどうかには積極的関心は無い（＝**消極性**）ことがある。

❷ すでに通り過ぎてしまった遠いセカイのデキゴト

⇒ 遠いセカイのことなので, **具体的な約束や計画段階にはない**,
【実行性の低い漠然とした考え】を示すことがある。

訳 外出の前に窓を閉めることを覚えておいて [忘れないで]。
あなたに最初に会ったことを覚えているだろう [決して忘れない]。

59

> **Seeing is believing.**

<u>See</u>ing is belie<u>ving</u>.
　Ⓢ　　Ⓥ　　　Ⓒ

✚ …ingを2回使ったSVC文型とto do …を2回使ったSVC文型の違い

▶ [⋯ing] is [⋯ing]
　　S　　V　　　C

Seeing is believing.
「一般に，モノを見るという行いは，すなわち，それを信じることへとつながっていくものなのである(百聞は一見に如かず)」

※「そういった傾向や一般的法則性があるものなのだ」という意味。【何度も経験され，既定事実化】，というニュアンスが含まれているので，…ingを使っています。これは，ことわざです。「ことわざ」とは，いわば人生の法則ですね。

▶ [To do …] is [to do …]
　　S　　　V　　　C

To see is to believe.
「(君も)実際見れば，信じられるさ」

※「今から実際に見に行って，これから自分の目で確かめて来いよ！君も実際に目の当たりにすれば，きっと信じられるさ！」というニュアンス。【実行性・具体性】があるので，to do …を使います。

✚ 類 start ⋯ingとstart to do …の違い

▶ start ⋯ing
「何かをある時間に始めることが，**一定期間継続・反復され，既成事実化・習慣化**したこと」を意味します。

I started working on time and kept on more than an hour.
「私は(だいたい)時間どおりに仕事を始めることにしていて，(その仕事を)1時間以上続けたものだった」

▶ start to do …
「具体的に…に手を伸ばしてとりかかろうとする，開始しようとすること」を意味する。**継続・反復・習慣化しないとき**はstart to doを使う。

Jim started to say something, but he changed his mind.
「ジムはまさに何かを言い始めたが，気が変わってしまった」

✚ 類 not [no] …ingとnot to *do*の違い

●No smoking.

「ここでは，タバコを吸わないということ［吸わないという約束・決まり事・慣例］になっております」

※看板や掲示物に書かれた言葉。そこにタバコを吸っている人間が実際にいるかどうかはわからない。ある一定期間にわたって「このあたりではタバコを吸わない」という行為が**何度も経験され，反復され，継続し，既定事実化，習慣化，法則・規則化**しているのですね。

● Not to smoke.

「(おい)タバコを吸うな！」

※目の前に，実際にタバコを吸っている人間がいて，その人物に対して直接注意して言うときのセリフ。**【具体的・実行性あり】**

訳 一般に，モノを見るという行いは，すなわち，それを信じることへとつながっていくものなのである（百聞は一見に如かず）。

60

> The singer anticipated getting many fan letters.

The singer anticipated getting many fan letters.
(S)　　　　(V)　　(V)　　(O)

+ anticipate …ing ... 　句　…することを予期する

　　皆さんは,「未来の意味を表すときはto *do*だ」と丸暗記をしていませんか？

　　anticipateは単語集によく載っていますから,「〜を予期する」という意味は知っているでしょう。「予期する」ってことは,【未来のイメージ】だから【to *do*】が目的語として付いて, anticipate to *do* ...となると考えてしまう人が多い。でも, 実はコレ間違いなんです！

+ まずは**anticipateの正確な意味**を押さえましょう。「ファンからたくさん手紙がくることをanticipateする」という場合, 客観的にはこれから起こるような未来のデキゴトであったとしても, その人自身のアタマの中のイメージでは, ファンから手紙がたくさん来ることは「すでに起こることが確定したこと」であり, つまり「ほぼ既定事実化していること」になるのです。

　　anticipateのホントの意味は「〜のデキゴトが起こることはすでに確定していると理解し, 〜のデキゴトに対して今から対抗策や準備行動を想定し, 実行に移し始める」です。

　　anticipateの意味について, ネイティブの感覚は,

　　<u>You anticipate X. = You realize in advance that X may happen and you are prepare for X.です。「Xをanticipateする」とは「事前にXが起こることを理解し, Xに対して準備をする」こととイコールである</u>,

ということなのです。

　　このanticipateのホントの意味を押さえた上で, この意味とイメージがぴったりハマるのは…ingのほうであり, to *do* ...ではないということを学習する必要があるのです。

+ anticipate …ingは,「"これから…のデキゴトが起こるかな？ 起こら

ないかな？"なんてことに関心が向く時点をすでに通り過ぎ，自分のアタマの中では，…のデキゴトが起こることはほぼ確定し，既定事実化していて，それに向けて対抗策や事前準備を始める」という意味になります。

【すでに（あるいは何度も）通り過ぎたデキゴト】はingで表現するので，anticipate …ingが正しいのです。

to do …は【意識が向かっているこれからの未知のデキゴト】を表します。このto do …のイメージが，動詞anticipateの意味にハマらないので，anticipate to do …という言い方は間違いです。

✚ 「ファンレターが来るかな？ 来ないかな？ [get many fan letters]」なんてレベルの話を，この歌手はすでに通り過ぎてしまっていて（彼にとってはすでに終わった話で），**彼のアタマの中では既定事実化しています。**

したがって，getting many fan lettersと表現します（【意識が向かう未知のデキゴト】ではないのでto do …は使いません）。

さらに，ファンレターが来ることは，ほぼ既定の事実で織り込み済み，その歌手自身は，ファンレター対抗策や事前準備までもう始めちゃう勢いです。

し た が っ て，anticipate getting fan lettersと な り ま す！anticipateの本当の意味を理解しましょう！

✚ anticipateの接頭辞anti-は「〜に対抗して」という意味があります（antiaging「老化に対抗して＝アンチエイジングの，老化防止の」，anti-Russian「ロシアに対抗して＝反ロシアの」など）。

S＋anticipate＋O「SはOに対する対抗策を想定したり，事前準備する」（これを超カンタンに意訳して「SはOに対して準備する，予期する」）ということは，たくさんのファンレターが来ることが既定事実化するほどに，「俺には実力・人気があるぜ！」と，少なくとも本人は思っているのかもしれません。

anticipateの本当の意味を押さえた上で，この動詞はto do …ではなく，…ingとの相性がよいということをわかっていただけましたか？

訳 その歌手は，多くのファンレターをもらうことを予期していた。

61

He is considering starting a business.

He is considering starting a business.
(S) (V) (V) (O)

✛ considerの本当の意味

「起業しようと考える」では，「起業する」のは「ミライ」だから，「ミライはto *do*を使ってconsider to *do* ...かな？」と考えてしまうかもしれませんが，それは間違いです。

consider X「Xを実行しようという決断をする前に，Xの可能性について，注意深く，あれこれ想いを巡らす」（=think about the possibility of X carefully <u>before making a decision to do X</u>）というのが，considerの本当の意味です。

重要なのは，「Xを実行しようという決断をする前に」（=before making a decision to do X）の部分です。具体的な決断・実行よりも前の段階の，まだ抽象的な・漠然としたアイデアについてあれこれ考えるのがconsiderなのです。

正しくは，この動詞にニュアンスが合致するingを用いて，**consider ...ing**となります。

一方で，「いざ手を伸ばせばいつでも手が届く，やろうと思えば即実行できること」はto *do* ...でした。ちょっとconsiderと合いませんね。

さらに，considerの本当の意味の中には，carefully「注意深く（あれこれ想いを巡らせる）」の意味も含まれています。「注意深く」とは「慎重に」ということです。つまり，**consider X**と言った場合，「Xの実行については，慎重に検討する」ということになります。デキゴトに対しての慎重さや消極性は，...ingで表現されるニュアンスですから，やはりconsider ...ingというのが正しい英語です。consider to *do* ...「...することを考える」という表現は存在しないのです。

ちなみに，「...すること」を実行することについては慎重な姿勢を崩さず（実行に対していまだ消極的），実行の決断をする前段階であり，リアルな実行性をともなわない漠然と抽象的に想いを巡らせているときは，consider ...ingを使いますが，その後 熟 慮の結果，「よし！ ...するぞ」

と即座に実行しようとする決心がついたら，decide to *do* 「…を実行しようと決心する」のフレーズを使います。

✚ considerがing形になっているのは，直前にbe動詞があるためです。〈be ＋ …ing〉【現在進行形】で，「～している真っ最中」という意味。startingのingは，他動詞considerに対するO（動名詞）の働きであることを示します。

▶ contemplate …ing「…について考える」
〔例〕contemplate making a trip（＝think of making a trip）
「（漠然と）旅行に行こうかと考えている」
　※「…」の内容が，いまだ漠然とした一般論で構想段階にすぎず，具体的な実行にはまだ達していないため，contemplate to *do* …とは言わないのです。

▶ fancy …ing「…するのを想像する，…したい」
〔例〕Fancy meeting you here!
「ここであなたに会うなんて！」
　※命令文で用いて「…を想像してごらん（そんなこと有り得ない）」という【実行性が低い空想的なデキゴトへの驚き】を示す。実行性の低い考え・妄想なのでingを使用。命令文以外では，否定文（または疑問文）で使うパターンが多い。don't[can't] fancy …ingで「…するなんて想像したくもない＝…するのを好まない」となる。行為の実行に消極的なのでingを使う。

▶ imagine …ing「…するのを想像する」
〔例〕imagine **becoming** a lawyer
「（漠然と）弁護士になるってどんな感じかなと想像する」
　※TVドラマや映画，小説中の，ダブルのスーツで髪型もしっかりきめたエリート弁護士，または，汚いヨレヨレのスーツで，金儲けには興味がない庶民派弁護士……誰のアタマの中にも固定観念化・典型化・既成事実化した弁護士のイメージがあるはずです。たとえ司法試験を受けたことがなくても（＝実行性・実現性ゼロ），これまで何度も目にしてきた［アタマの中で意識や関心が何度も通り過ぎ，経験されたことからの］固定化した典型的な弁護士のイメージによって，「ドラマの弁護士みたいになれたらどんな感じかな」くらいの，心の中で反芻・反復された，まだ具体的計画や約束の段階には至っていない実行性の乏しい

考えや妄想なので，imagine …ingと表現します。

〔例〕I can't imagine traveling alone in the country.
「この国を一人で旅するなんて想像もできない」

※また，it is difficult to imagine …ing「…することを想像し難い」，S can't imagine …ing「…することなんて想像できない」，S could imagine …ing「…することを想像しようと思えば，まあ，できないことはない」（couldは仮定法）のように，ネイティブがimagineとセットで使うフレーズには一定の法則性があります。「…」のデキゴトは【実行性が乏しい観念・想念】として捉えられており，imagineは …ingの動名詞と相性がいいのです。

▶ practice …ing「…することを練習する」

※一回だけでは練習とは言わない。練習とは「同じことを何度も繰り返すこと」＝「反復」です。どれくらい繰り返すのかは，文脈によって違うでしょうが，何度も繰り返し反復される，経験されることもingで表現するので，practice …ingです。

✚ …ingのイメージ

「自身の肉体or関心・意識・精神のいずれかが，すでに通り過ぎた〔何度も繰り返し通り過ぎた，経験した〕ことで，既成事実化，さらに一歩進んで，固定観念化，典型化，一般法則化」が，ingのイメージなのです。

訳 彼は起業しようとまさに考えているところだ〔検討している真っ最中だ〕。

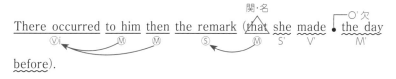

62

There occurred to him then the remark that she made the day before.

【東北大】

There occurred to him then the remark (that she made ● the day
　Ⓥi　　　Ⓜ　　Ⓜ　　　　Ⓢ　　　　　Ⓜ　　S'　V'　　　M'

before).

＋ there is構文の変形4パターンに注意！ 本文は❶の変形パターンです。

元の文　There is＋名詞「名詞 が存在する」
　　　　　　　V　　　　S

変形❶　There Vi＋名詞「名詞 が存在する・移動する・現れる」
　　　　　　　V　　　　S

変形❷　There is 過去分詞＋名詞　「名詞 が…される」
　　　　　　　　　V　　　　　　S

変形❸　There 助動詞＋原形＋名詞
　　　　　　　　V　　　　　S

変形❹　There 準助動詞＋原形＋名詞
　　　　　　　　V　　　　　　S

(準)助動詞を最後に訳す！

　※助動詞のように，Vにくっついて使われるフレーズ(準助動詞)
　　is said to do ...「…すると言われている，…するそうだ」
　　is thought to do ...「…すると思われている，…するそうだ」
　　seem to do ...「…するように思われる，…するようだ」

〔例〕元の文　There is a book on the table.
　　　　　　　　　V　　S　　　　M

〔例〕変形❶　There exists a book on the table.
　　　　　　　　　V　　　　S　　　M

　　　「テーブルの上に本がある」

129 •

〔例〕変形❷ <u>There <u>is left</u> a book</u> on the table.
　　　　　　　　V　　　　　S　　　　M

　　　　　「テーブルの上に本が残されている」
〔例〕変形❸ <u>There 「may」 be a book</u> on the table.
　　　　　　　　V　　　　　S　　　　M

　　　　　「テーブルの上に本がある「かもしれない」」
　　　　　<u>There 「may」 exist a book</u> on the table.
　　　　　　V　　　　　S　　　　M

　　　　　「テーブルの上に本がある「かもしれない」」
　　　　　<u>There 「may」 be left a book</u> on the table.
　　　　　　V　　　　　S　　　　M

　　　　　「テーブルの上に本が残されている「かもしれない」」
〔例〕変形❹ <u>There 「is said to」 be a book</u> on the table.
　　　　　　　　V　　　　　S　　　　M

　　　　　「テーブルの上に本がある「と言われている」」
　　　　　「テーブルの上に本がある「そうだ」」
　　　　　<u>There 「is said to」 exist a book</u> on the table.
　　　　　　V　　　　　S　　　　M

　　　　　「テーブルの上に本がある「と言われている」」
　　　　　「テーブルの上に本がある「そうだ」」
　　　　　<u>There 「is said to」 be left a book</u> on the table.
　　　　　　V　　　　　S　　　　M

　　　　　「テーブルの上に本が残されている「と言われている」」
　　　　　「テーブルの上に残されている「そうだ」」

✚ **There occurred to him then the remark**は「そのとき，発言が
生じて，彼に到達した」が直訳。occurred（元はoccur）は「生じる，生
まれる，発生する」で【完全自動詞】。ＯもＣもとりません。SVのみです。
　　ただし，本文はthere is構文の変形になっており，**there is**のisの代わ
りに**occur**が使われている点に注意！
　　さらに，there is構文の変形であるため，文頭はthere（何も指さない，
形式上ただ置かれている記号のようなもの）から始まり，Ｓが後へ移動し
てＶ … Ｓの語順になっている点にも注意してください。
　　occurという動詞のポイントも整理しておきましょう。
　　　① 完全自動詞で，後に，〈to＋相手〉＝Ｍが付くことが多い。

② occurの過去形の綴りに注意！（occurred ← 真ん中uが1コ，それを2つのcと2つのrが挟み撃ち）

③ 〈there is＋S〉を変形して，〈**there occurs＋to＋人＋S**〉になる。

④ occurは仮主語構文でも頻出！（**it occurs＋to＋人＋to *do* ...［that S′ V′ ...]**「…ということが人に浮かぶ」）

※訳だけ暗記してもダメ。実際にすぐに使えるカタチで整理しておきましょう！

$$\underset{V}{\underline{S}} + \underset{}{\underline{\text{occur(s)}}} + \underset{M}{\underline{\text{to}+人}} \quad \Rightarrow \quad \text{There} \underset{Vi}{\underline{\text{occur(s)}}} + \underset{M}{\underline{\text{to}人}} + \underline{S}$$

「Sが人に対して発生する」＝「Sが人のアタマの中に生じる」
＝「Sが人のアタマに浮かぶ」

✚ **that she made the day before**では，madeのO′がない（＝名詞が1コ欠けた不完全な文）ので，**thatは関係代名詞**。the day beforeはM′であり，O′ではありません！ こういった時間を表す語句が，品詞分解上，M（副詞）になる場合が多いのですね。

訳 そのとき，その前日に彼女が言った言葉を，彼はふと思い出した。

🖊 63

He stopped to smoke. / He stopped smoking.

He stopped to smoke. / He stopped smoking.
ⓈＶi ⌒(V)i⌒ Ⓜ Ⓢ Ⓥ Ⓞ

＋ stop to *do* … 〔句〕 …するために立ち止まる

　　stop to smokeは，タバコを吸うという行為（smoke）に対して，彼
の意識・関心や実際の肉体が向かっていく，つまり，「タバコを吸いたい
なー」と思っているのです。

　　to *do* …は【積極性】のニュアンスをもつことがあるという点も理解
しておきましょう。to smokeは，「タバコを吸いたいなー」のキモチを
アピールして，「**タバコを吸おうとして，タバコを吸うために**」のように
訳します。

　　〈S＋stop to *do*〉は文型にも注意！ 後にto *do*が来たときのstopは【完
全自動詞】です。SVのみで中心の文型完成とみなし，ＯもＣもとりません。
来るならMだけ！ このときのstopは「**（これまでやっていたことをやめ
て）Sは立ち止まる，静止する**」と訳します。

　　英語では，go，comeなど「移動」の動詞は【完全自動詞】になりやす
く，「移動」の反対の意味をもつ「静止」の動詞も，同じく【完全自動詞】
になりやすいのです。「**反対語は同じ文型になりやすい**」という英語の法
則も知っておきましょう。

　　以上より，to *do*はMで副詞句。完全自動詞stopにかかっています。

＋ stop …ing 〔句〕 …をやめる

　　…ingは，「何度も経験したこと」＝「習慣化」＝「既成事実化」を表します。
したがって，**stop smoking**は，「これまで何度も経験してきて習慣化
し既成事実化した"タバコを吸うこと"をやめる」ということになります。

　　さらに，「何かをやめる」ときに，**その何かは，未知のものであっては
なりません**。未知のもの，まだやったことのないものをやめることはで
きませんからね。だから「…をやめる」というときは，stop …ingと言
わなくてはいけないのです。stop to *do* …では「…をやめる」という意
味にならないのです（to *do* …のイメージは【未知】でした。詳しくはp.120
を参照）。

• 132

▶ 「すでに既定事実化したものを止める・終える」系

まだ始まってすらいないことを終えることはできないので，以下の表現において，【未知】＝【まだ始まっていないこと】を表すto do …を使うのはヘンです！

stop …ing「…をやめる」

finish …ing「…を終わらせる」

※まだ始まってすらいないこと（to do）を終わらせることはできませんから，finish to do …とは言えないのです。

give up …ing「…をやめる，あきらめる」

put off …ing「…を延期する」＝postpone …ing「…を延期する」

※実際の時間においては，来月の球技大会でも，来週のミーティングでも，どんなイベントでもOK。**ある人のアタマの中で，「イベント開催の可否」という問題は，すでに乗り越えられ（すでに通過し），イベントの開催は既成事実化されていた**のです。こういったニュアンスを表すのは…ingですね。残念ながら何か特別なトラブルが起きてしまって，その既成事実化したイベントを先延ばしにする（put off …ing）ということです。

訳 彼は，タバコを吸うために，立ち止まった。
彼は，タバコを吸うことをやめた。

64

This done, we went home.

[being]の略
(S)   (受)
This • done, we went home.
 M   S Vi   M

+ まず，本文にはand / but / orの【等位接続詞】が見当たりません。ですから，主節のVは1回だけ！（もし，andがあれば，... V ... and 〜 V 〜といったようにしてVの数を増殖させることが可能です）。

+ 次に，doneは過去分詞です。**過去分詞単独で，文全体の中心的な役割のV（主節のV）になることはできません**。過去分詞は，直前に時制をもったbe動詞（is / am / are / was / were /have[has, had]＋been）があるときだけ，Vになることができます。

    This **was** done.「これが終えられた（なされた）」

+ 以上から，本文の中心的なVは，wentです。ここを中心に，直前のweがS，homeはM（一語の副詞）でwentにかかっているのです。

    ※品詞分解上，この英文はS＋Vi（第1文型）で文型完成ということになります。went（元はgo）は，「空間移動」の意味をもつ【完全自動詞】です。本文では，中心のwe went以外の部分は全てM（修飾語句）になっていると判断できますね。

+ **This done**の部分は，【意味上の主語つきbeing省略の分詞構文】で，Mのカタマリ（副詞句）になっており，主節のVであるwentにかかっているのです。

+ 元々は，下のように❶が❷に圧縮変形され，さらにbeingを消去し，❸になっています。

    ❶ When this was done, we went home.
        ↓   ↓   ↓   ↓
    ❷ ×   This being done, we went home.
            ↓   ↓   ↓
    ❸   This   ×   done, we went home.
    ※❶ ⇒ 本文は「いつ？」と時間を相手に尋ねているような文脈では

ありません。ですから疑問詞のwhenではなく，「〜すると，〜するとき」という意味の**従属接続詞when**です。従属接続詞のwhenは名詞節を作ることはできません。〈従属接続詞のwhen＋完全な文〉は副詞節になり，主節のwentにかかっています。

❷ ⇒ 書き言葉では，前後の文脈から自明なとき，あるいは「従属接続詞自体が，あまりイイタイコトでない＝伝えるべき重要な情報ではない」と筆者が判断した場合，従属接続詞（when）を省略できるのです。

　　カタマリ（節）を作っていたwhenがなくなった代わりに，ingが周囲の単語を1つにまとめあげ，カタマリをつくります（ingは，品詞分解上，カタマリをつくる記号）。〈This being done〉でカタマリ，これでワンフレーズ副詞のように捉えてください。

　　このingによってまとめられた副詞のカタマリ（分詞構文）は，主節全体（特に主節のV）にかかっているのです。Vにかかるものは「副詞」と呼びますね。**分詞構文というのは，副詞のカタマリ**です。特に本文のようにingの前に，元の主語が残っているパターンを【独立分詞構文】といいます。

❸ ⇒ 英語では，"be動詞の省略" という現象が，ルールに基づいて起こります（be省略の法則性についてはp.69を参照）。be動詞と一口に言ってもbeing / to be / be / is / am / are / was / were…など様々。その中で特に省略が多いのがbeingで，分詞構文においても，beingが省略されることが極めて多いのです。

　　本文は，「これ＝モノゴト（this）が，行っている（doing）」という能動の独立分詞構文ではありませんので注意！ 仮にdoingとするなら（thisが何を指すか？という意味の問題もありますが），その後に，doing「行っている」に対する意味上の目的語（「何を」にあたる名詞）が付くはずです。

　　　　〈This doing the washing〉 S V … 【主節】
　　　　「〈これが，洗濯をして〉，SV…した」
　　　　〈This doing a lot〉 S V … 【主節】
　　　　「〈これが，多くのことをして〉，SV…した」
　　　　〈This doing some research〉 S V … 【主節】
　　　　「〈これが，何らかの研究を行って〉，SV…した」

本文には，そういった名詞が存在していません。本文は「これ＝モノゴト（this）が，行われる（be動詞＋done）」で，**受身の分詞構文**のカタチが正しい！　be動詞＋過去分詞のあとに名詞（意味上の目的語）が残らないのです。受身だから，Oが付かない（受身はOマイナス1）。さらに意味上の主語が直前に残っていてThis being doneとなります。

　最終的に❸では，受身のbeingが省略されてしまったのです。

訳 これが終わって［これが終えられて］，我々は帰宅した。

■
She was considering in her mind whether the pleasure of making a daisy-chain* would be worth the trouble of getting up and picking daisies, when suddenly a white rabbit with pink eyes ran close by her.

* a daisy-chain 「ひな菊を鎖状に編んだ花輪」

【東京大】

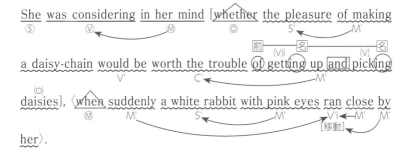

+ ルイス・キャロル (Lewis Carroll, 1832〜1898) の有名な小説, 『不思議の国のアリス』の一節から。

+ 「…していた(しようとしていた)。まさにそのとき〜」には,「…の行為が, 〜の行為によって妨害・阻害・邪魔される」というウラの意味あり!

- ... *be* + …ing ... 〈when S′ V′ 〜〉
- ... *be* going to *do* ... 〈when S′ V′ 〜〉
- ... *be* about to *do* ... 〈when S′ V′ 〜〉
- ... *be* on the point of …ing ... 〈when S′ V′ 〜〉

類例

   I **was** just **going to watch** TV to kill time,
         〈**when** there came a knocking on the front door〉.
               Vi′   S′   M′

   「暇つぶしのためにテレビを見ようとしていたら, まさにそのとき,

玄関のドアをノックする音がした」

※justは強調（訳さなくてもOK）。there was a knockingのwasがcameに変形されている（【there is構文の変形】についてはp.129参照）。

※TVをまさに見ようとしていたタイミングで来客！つまり，「テレビを見る」という主節の行為が，「ノックの音（来客あり，応対しなきゃ）」という従属節の行為によって，阻害・妨害されていることがわかります。実は，**この構文のウラの意味は**，「このノックの音で登場した人物との出会いが，この後，私の運命を大きく変えるきっかけとなる」といったような**重要なストーリー展開になる可能性が高い**のです。

　　この構文では，**文末方向に置かれるものが，強調される場合がある**という【文末焦点化（End Focus）の法則】により，**主節（I was just going ...）よりも，従属節（when ～）のほうに重点が移ってしまっている**のです。

✚**【文末焦点化（End Focus）の法則】の例**（becauseの従属節について）

　「becauseは，asやsinceより理由を強調する。そして，たいていの場合，聞き手や読み手の知らない理由を導入する役割を担う。…〈中略〉…理由が文の最も重要な部分になっている場合は，because節は文尾に置かれるのがふつうである。」

（研究社，『オックスフォード実例現代英語用法辞典』より。下線は登木による）

　〈because節〉は，品詞分解上は従属節（副詞節）です。しかし，この部分が，"英文の最も重要な部分になっている場合"，つまり，**主節よりも重要度が高い場合に，because節は文末に置かれる**のですね。まさに【文末焦点化の法則】が影響しています。

　このbecauseと同様に，本文のbe …ing ...〈when節〉という構造パターンのときは，whenのカタマリは従属節（副詞節）であっても，このwhen節部分が強調され，ストーリー上の重要な転換点を示す場合があります。必ず左から右へ，訳し下ろします。

　本文は，She was considering in her mind ...「彼女が考え事をしていた」という行為が，when以下の「ウサギが近づいてきた」という行為によって，邪魔・妨害・阻害されているのです。ウサギが突然現れたことで，彼女の考え事が中断してしまったのです。そして，when以降に書かれて

あるウサギの登場は，ストーリー展開上重要になってくる箇所なのです。
したがって，筆者はこのような構造パターンを使っているわけです。

✚ the pleasure of making a daisy-chainは「**ひな菊の花輪を作る（という）楽しみ**」。of句は，pleasure「楽しみ」の，【中身・内容】を表します。

✚ worth the trouble of getting up and picking daisiesは「**朝起きて，ひな菊を摘むという手間に見合う**」。worthは前置詞「…の価値がある，…に見合う」。the trouble「手間」の【中身・内容】の説明が後のof句。getting up「（朝）起きること」とpicking「摘むこと」は，ofの後なので，共に動名詞。picking「摘むこと（V）」に対して「何を？」というツッコミを入れ，daisiesが(O)の関係でつながっています。

✚ suddenly [sʌ́dnli]　[副] 突然に・急に
　〈when S′ V′ ～〉の部分でストーリーが急展開することの記号です。

✚ with pink eyes　[句] ピンク色の目をした

✚ close [klóus]　[副] 近くで，すぐのところで

✚ by her　[句] 彼女のそばで［そばに，そばを］
　byは前置詞。「何かのすぐそば」という意味です。本文は，受身と共によく使う「～によって」のbyではありません。

[訳] ひな菊の花輪を作る楽しみは，起きて，ひな菊を摘む手間に見合うだろうかと彼女が心の中で考えていると，まさに，その時，突然，ピンク色の目をした白いうさぎが彼女のすぐそばを走り抜けた。

66

It is indicated that violent crime has increased for ten years.

It is indicated [that violent crime has increased for ten years].
Ⓢ仮 Ⓥ 受 Ⓢ真 S' V'i M'

✚ 話し手がどういうキモチのとき，能動態ではなく，**受動態（受身文）**が使われるのでしょうか。

❶ The scholar indicates clearly [that S' V' ...].
　　　S V M O

「その学者は，はっきりと，…ということを指摘している」

❷ The statistics indicate clearly [that S' V' ...].
　　　S V M O

「統計は，はっきりと，…ということを指摘している」

❸ Opinion polls indicate clearly [that S' V' ...].
　　　S V M O

「世論調査が，はっきりと，…ということを指摘している」

❹ A recent survey of the local residents indicates clearly [that
　　　　　　　　S V M O

S' V' ...].

「地元住民に対する最近の調査が，はっきりと，…ということを指摘している」

❶〜❹の主語を，言わない［言いたくない・言うのが面倒］と話し手・書き手が思ったとき，**受身文に変身（変形）**すれば，　主語の部分 を言わずに済ませることができます。

前＋名＝Mで省略OK！

❺ [That S' V' ...] is indicated clearly by ~~元の文の主語の名詞~~
　S (＝元のO) V受 M ~~M~~

「…ということが，はっきりと，指摘されている」

※by the scholar「学者によって」やby a recent survey of the local residents「地元住民に対する調査によって」などが，〈by ＋名詞〉＝M（修飾語句）のカタチになっており，品詞分解上の

大切な中心的要素（S / V / C / O）ではないので，自由に省略してOK。

❻ [It] is indicated clearly [that S′ V′ ...] by ~~元の文の主語の名詞~~
　仮S　　V受　　　　M　　　真S　　　~~M~~

「…ということが，はっきりと，指摘されている」

※❺と❻はほぼ同じですが，【文末焦点化の法則】という英語の重要ルールがあり，「**長くて重要な要素はできる限り（任意で）文末方向へ移動させる**」のです。「長い」ということは，**それだけたくさんの言葉を使ってでも，どうしても相手に伝えたい重要な情報**，ということになりますが，そういった長い重要な情報は最後（文末方向）に置いたほうが，人間の脳の生理上，相手の記憶により残りやすくなるのです。TVのCMで，企業名は最後に言われることが多いですね。CMの最初のほうに聞いた情報は忘れてしまいがちですから，最後に企業名を置いたほうが，インパクトがあって，相手に覚えてもらいやすいのです。

　　❺の英文のS＝[that S′ V′ ...]が長いですね。【文末焦点化の法則】により，文頭ではなく，文末方向へ移動させた方が，読み手にとっては，[that S′ V′ ...]の内容がより伝わりやすく，記憶に残りやすくなるでしょう。

　　こういったときに活躍してくれる構造パターンが【仮主語構文】（＝形式主語構文）です。**Sを，いったん漠然とした（抽象的な）ワードitに置換し，itの具体的内容は，文末方向で，真Sの名詞節として改めて表現する**のです。訳すときは，thatのカタマリをitに代入して訳せばよいでしょう。

　　ここでは【言語の経済性】が影響し，**同じ内容であっても，最も効率よく情報が伝わる言い方が瞬時に選択されます。**that節の内容をより確実に伝えたいなら，❺よりも❻のカタチが選択されるでしょう。

訳 凶悪犯罪の件数が，10年で増えていると指摘されている。

✎ **67**

> Tom showed me the picture he had taken in Osaka.

Tom showed me the picture (he had taken ● in Osaka).
(S) (V) (O)₁ (O)₂ (M) S' V' M'

[関・名]that (which)の略
O'欠

✛ **過去よりさらに前**（昔よりさらに昔）を示すには**had＋過去分詞**を使います。「ある写真を人に見せる」ということは，当然ながら，それより前に「その写真を撮った」ということになりますね。

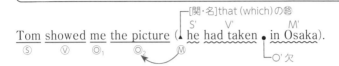

過去（写真を見せたとき）よりさらに前

Tom **showed** me the picture he **had taken** in Osaka.

※showed「写真を見せる」⇒ **過去**

　　had taken「写真を撮った」⇒ **過去より前（【大過去】と呼ぶ）**

という時間の前後関係になります。【大過去】は〈had＋過去分詞〉で表します。

〔例〕 When Tom **got** to school, the lesson **had started** already.

　　　「トムが学校に着いたとき，授業はすでに始まっていた」

盲点！

　デキゴトが発生した順番で左→右へ，【大過去】V→【過去形】V₂とandで並べるときは，左の【大過去】Vの部分も，【過去形】で表現します。

　　I ~~had bought~~【bought】 a book and **lost** it the next day.

　　「私は本を買ってきた。そして，その次の日に，なくした」

　　※両方のVが【過去形】になってしまいましたが，andに沿って左から右へ読んでいけば，どちらが時間的に先なのかがわかりきっているような場合には，わざわざ【大過去】を使いません。

　　　フランスが生んだ大言語学者，アンドレ・マルティネ（1908～1999年）などの学説の影響もあり，【**言語経済性**（economy of speech）】の原理という考え方がたびたび取り上げられます。言語の様々な約束事・システムは，その言語を使う人がなるべ

くムダな労力を使わなくて済むように，シンプルなカタチで効率よく運用されるように制度設計されているのです。この考え方は，文法について勉強するときに，様々な場面で役立つことがあるかもしれません。

✚ **目的格関係代名詞**（カタマリ内側で，O′欠落，あるいは前置詞の目的語が欠落しているパターンで用いられる関係代名詞）は，多くの場合省略されます。

　本文でも，〈the picture（名詞）＋he（S）＋had taken（V）〉という〈名詞＋S＋V〉の語順に着目し，目的格関係代名詞の省略を疑ってみましょう。

　had taken「～を撮った」→「何を？」とツッコミを入れると，O′にあたるワードがありません。つまり「O′（目的語）欠落だ！」とわかりますね。

　ということは，「従属節の先頭には，本来は，目的格の関係代名詞があったはずだ！」ということになり，この英文では省略されています。**省略されることが極めて多く，逆に目的格関係代名詞が，残っているほうが珍しいくらいなのです。**ですから，本文のように省略されたカタチにふだんから慣れておきましょう！

　リーディングでは，〈... 名詞＋S＋V ...〉という語順を目撃したら，「目的格関係代名詞の省略だ！」と疑ってみてください。

訳 トムは大阪で撮った写真を私に見せてくれた。

68

> There is no clear indication that the mere presence of police patrols has any significant effect on crime or accident.
>
> 【早稲田大】

従・接

There is no clear indication [that the mere presence of police
Ⓥi　　　Ⓜ　　 Ⓢ 　　　　Ⓜ　　　　　　　S'　　　　　 M'

patrols has any significant effect on crime or accident].
　　　　V'　　　　 O'　　　　　　　 M'

✚ 英語は【名詞中心の言語】であることを意識しましょう。英文中の名詞は，単に「モノ（物体）」を表すだけではありません。**名詞の中に，「動き（アクション）・デキゴト」が隠れている**のです。特に少しカタイ文章（入試問題・大学入学後の英語の専門論文）を読むときは，この意識が極めて重要です。

　本文では，**名詞の中に，アクションを読み取れるポイント**が2か所あります！

(1) indication＋that S′ V′ ～「～という指摘」に，"アクション"を読み取るようにします。アクションを読み取るとは，具体的には，【N ⇒ V変形】＝名詞を動詞に変形して訳すことになります。

　　　 <u>indication</u> that S′ V′ ～
　　　 「～という**指摘**」⇒「～ということを**指摘する**」

※【N（名詞）⇒ V（動詞）変形】をしたら，同時にやってほしいこと
　その1

　　元の文の修飾関係を変形後もキープするために，【形 ⇒ 副変形】も同時に行うこと！

　　　 <u>clear</u> indication「**明確な**指摘」⇒「**明確に**指摘する」
　　　　　　 形　 名　　　　　　　 副　 動

　　　【N ⇒ V変形】と【形 ⇒ 副 変形】（エヌブイとケイフク）は同時に行え！

(2) **the mere presence of police patrols**の直訳は「パトロール
隊の単なる存在」となります。まず【N ⇒ V変形】を行い，「存在」
⇒「存在する」。そして【形 ⇒ 副 変形】も同時に行います。「単な
る存在」⇒「(単に)存在するだけ」。

※ 【N ⇒ V変形】をしたら，同時にやってほしいこと　その2
【N ⇒ V変形】を行ったN (名詞) にかかっているof句がないか
チェック！ もしあれば，of句が，隠れS (または隠れO) になる
パターンに注意せよ！ 本文は，of句を隠れSとして解釈します。

the mere presence **of police patrols**
「**パトロール隊が**存在する [いる] だけで」

+ 本文と同じ形の**the mere difference of＋**名詞　「名詞が違ってい
るだけで」も超頻出ポイントです。

類 the mere absence of＋名詞　「名詞がない [いない] だけで」
the mere sight of＋名詞　「名詞を見るだけで」
the mere thought of＋名詞　「名詞を考えるだけで」
the mere idea of＋名詞　「名詞を考えるだけで」
the mere display of＋名詞　「名詞を示すだけで」
the mere mention of＋名詞　「名詞を話に出すだけで」

※difference，absenceのように，<u>形容詞の派生名詞</u>があるとき，of
句に，【隠れS】を読み取り，「…が」と訳します！

⎛ difference ← 形容詞differentの派生名詞 ⎞
⎝ absence 　← 形容詞absentの派生名詞 ⎠

※difference，absence以外(**主に他動詞の派生名詞あり**)は，of句に【隠
れO】を読み取り，「…を(に)」と訳します！

※このときの冠詞(the)も，正誤問題でよく出ます！ 正確に暗記しま
しょう。

+ have any significant effect on[upon]＋名詞　句 名詞**に大きな
影響をもたらす [大きく影響する]**

onがより強まったカタチがupon。onのコアイメージは【接触】です。
このコアイメージをもとにして新たな意味へと広がっていきます。

例えば，2つの物体が，一定期間【接触】し続けると，その接触部分が
「浸食」や「腐食」や「摩耗」などの様々な【影響】が現れます。元々の，
<u>onがもつ【接触】という意味から，【影響】という新たな意味・用法へ広</u>

がっていくのです。本文はeffectと結びついて【影響】のonです。

▶ 【接触】のon[upon]の例

The house is **on** fire.
「火に接触＝火事だ！」
London is **on** the River Thames.
「ロンドンはテムズ川に接触＝ロンドンはテムズ河畔^{かはん}にある」

▶ 【影響】のon[upon]の例 ←【接触】のon[upon]が発展した用法

Heat acts **on** bodies.
「熱は物体に作用・影響する」
What is **on** your mind?
「何があなたに影響しているの？＝何をくよくよしているの？」

訳 パトロール隊がいるだけで，犯罪や事故に大きく影響するということを明確に
指摘するものはない。

登木 健司　*Kenji TOKI*

河合塾講師

　担当講座のほとんどが優先申し込み期間中に締め切りになる，全国トップレベルの受講者動員数を誇る河合塾英語科の若手講師である。

　河合塾のライブ講義の間に講演会や執筆もこなす。衛星授業（河合塾サテライト），映像授業（河合塾マナビス）も担当している。

　京都大学対策講座，早慶大や MARCH 対策講座，名古屋大対策講座，その他基礎レベルから，医学部・東大志望のトップ層まで幅広く講座を担当。基礎・標準クラスではシンプルなルールで誰でも英語が読めるようになる【品詞分解講義】で大人気。また，上位層には，英文の背後に潜在する思想に切り込み，表現の裏まで読み込む，生きた日本語に訳出する【戦略的読解法講義】で，「英語４技能の全ての分野に繋がる盤石の土台ができ，大学に入ってからも役立つ講義」と絶大な支持を得る。

　著書に『登木健司 難関大英語長文講義の実況中継①〈私大編〉／②〈国公立大学編〉』，『英語リーディング・ブラッシュアップ』（以上，語学春秋社），『大学入試 登木健司の英文読解が戦略的にできる本』（KADOKAWA 中経出版）がある。

＊　　　　　＊　　　　　＊

　登木先生の講習・講演会等のイベント，また，勉強法についての最新情報は，こちらをご覧ください！

http://www.senryaku-shikou.com/top.html

CA09DA/B-B/Si

聞けば「わかる!」「おぼえる!」「力になる!」

スーパー指導でスピード学習!! 実況中継CD-ROMブックス

※CD-ROMのご利用にはMP3データを再生できるパソコン環境が必要です。

科目別シリーズ

山口俊治のトークで攻略 英文法 フル解説エクササイズ ●定価(本体2,700円+税)

練習問題(大学入試過去問)&CD-ROM(音声収録 1200分)

出口汪のトークで攻略 現代文 Vol.1・Vol.2

練習問題(大学入試過去問)&CD-ROM(音声収録 各500分)

望月光のトークで攻略 古典文法 Vol.1・Vol.2

練習問題(基本問題+入試実戦問題)&CD-ROM(音声収録 各600分)

青木裕司のトークで攻略 世界史B Vol.1・Vol.2

空欄補充型サブノート&CD-ROM(音声収録 各720分)　　　以上, ●定価/各冊(本体1,500円+税)

トークで攻略する 日本史Bノート ①・②

空欄補充型サブノート&CD-ROM(音声収録 各800分)
石川晶康 著　　　●定価/各冊(本体1,700円+税)

大学別英語塾

西きょうじのトークで攻略 東大への英語塾

練習問題(東大入試過去問)&CD-ROM(音声収録550分)　　●定価(本体1,800円+税)

竹岡広信のトークで攻略 京大への英語塾 改訂第2版

練習問題(京大入試過去問)&CD-ROM(音声収録600分)　　●定価(本体1,800円+税)

二本柳啓文のトークで攻略 早大への英語塾

練習問題(早大入試過去問)&CD-ROM(音声収録600分)　　●定価(本体1,600円+税)

西川彰一のトークで攻略 慶大への英語塾

練習問題(慶大入試過去問)&CD-ROM(音声収録630分)　　●定価(本体1,800円+税)

 実況中継CD-ROMブックスは順次刊行いたします。 2020年9月現在

既刊各冊の音声を聞くことができます。 https://goshun.com 語学春秋 検索